A La Tête Du Client
&
Fly Over the Crooks' Crooked Nest

Two Plays by
Mercédès Fouda

Langaa Research & Publishing CIG
Mankon, Bamenda

Publisher

Langaa RPCIG

Langaa Research & Publishing Common Initiative Group
P.O. Box 902 Mankon
Bamenda
North West Region
Cameroon
Langaagrp@gmail.com
www.langaa-rpcig.net

Distributed in and outside N. America by African Books Collective
orders@africanbookscollective.com
www.africanbookscollective.com

ISBN: 9956-762-28-8

DISCLAIMER
All views expressed in this publication are those of the author and do
not necessarily reflect the views of Langaa RPCIG.

In Loving Memory of Philippe Mbako

Table des matières

A La Tête du Client

Une pièce de Mercédès Fouda

Le décor est celui d'une salle d'attente. Un comptoir, dans un coin de la pièce, quelques classeurs au-dessus ; des pancartes sont accolées au mur, et une table trône sur l'avant-scène. Quelques personnes sont là qui attendent, marquant des signes d'impatience. Une infirmière fait son entrée.

(Il est à noter qu'au début de la scène tous les comédiens - sauf l'infirmière - sont disséminés dans le public).

L'infirmière *(agressivement)*
Si vous êtes venus faire le test, ajoutez 200 F pour le prix d'une seringue.

(Grommellements mécontents de l'assistance)

Premier client
Ekié ! Pourquoi ? Est-ce qu'on ne paye pas déjà assez cher ?

L'infirmière
Ce que vous payez là c'est pour le prélèvement de 5ml de sang et l'analyse ; par mesure de prudence, chacun doit avoir sa propre seringue pour être piqué avec ; nous en vendons ici, cela vous évite de repartir en acheter ailleurs. Allez, donnez vos 200F !

Premier client *(soupçonneux)*
Hum ! Ce n'est écrit nulle part ! Est-ce que ce ne serait pas pour vous acheter un nouveau vernis ?

Deuxième client *(moqueur)*

Madame, pour moi, prenez l'argent de la seringue sur la somme de l'analyse et ne prélevez que 4 ml de sang !

(Rires moqueurs des autres clients ; l'infirmière les toise et fait demi-tour)

L'infirmière

En tous cas, c'est tant pis pour vous hein ? On va vous piquer tous avec la même seringue, et si vous attrapez quelque chose, il ne faudra vous en prendre qu'à vous-mêmes !

(Elle sort)

Premier client

Ké ! Quelles sont ces histoires ! Elle voulait nous escroquer !

Troisième client *(imitant la jeune fille)*

Mbweng mbweng mbweng mbweng mbweng mbwek ! On peut attraper quoi encore ? Dans un laboratoire ? Une salope comme ça !

Deuxième client

Hé ! Donc là où vous êtes là, vous ne savez pas que dans les milieux sanitaires on attrape aussi des maladies ? En sortant de l'hôpital, vous n'êtes jamais sûr de ne pas avoir chopé un virus quelconque. Combien de fois dans un laboratoire d'analyses médicales.

Troisième client *(se levant précipitamment)*

Héyéé ! Dans ce cas, je ne suis plus là ôoo ! Elle est là, elle doit avoir tout le SIDA de ses clients sur elle : je ne veux plus qu'elle me touche !

Premier client

Ekiéé, toi aussi! Soyons un peu logiques ! Comment pourrait-elle avoir TOUT le SIDA de ses clients dessus ?

Troisième client

Mais ! Si les virus ont sauté sur elle pendant qu'elle faisait les prélèvements… ?

Premier client

Noooon, non non non ! Le SIDA ne s'attrape pas comme ça, aussi bêtement ! (Un bruit de pas les interrompt, un médecin et l'infirmière de tout a l'heure font leur entrée). Aka ! Si on avait eu du temps, je t'aurais expliqué beaucoup de choses…

Le médecin

Bonjour, bonjour…

Les clients

Bonjour, monsieur, bonjour, docteur !

Le médecin

Veuillez nous excuser une petite minute s'il vous plaît : nos appareils ont besoin d'un certain temps pour être mis en route ; en attendant, on va vous donner de quoi vous distraire.

(Ils distribuent bonbons, revues et préservatifs)

Quatrième client

Ahang ! Voilà un vrai gars ! Bien sympathique ! Bien poli ! Pas comme la salope…

Troisième client

Hm ! Un comme ça tu sens qu'il ne peut même pas avoir le SIDA…

Premier client

Pourquoi ? Vous croyez que ça se voit comme ça, à l'œil nu ?

Quatrième client

Même ça…il est trop beau et trop propre pour l'avoir…

Premier client

Pff…si on doit se baser sur la beauté et la propreté, alors ça ne vaut même pas la peine de faire un test ; parce que *(désignant le 3ème)* vous, avec votre allure, vous devriez certainement l'avoir…

Troisième client *(furieux, bondit sur le premier)*

Ndzaaa ! C'est moi que vous avez vu ? J'ai le SIDA, j'ai le SIDA ! Et vous-même ! Qu'est-ce que vous faites donc ici, si vous êtes sûr de ne pas l'avoir, HEIN ?

Premier client

Hof, moi…je ne suis pas n'importe qui ! C'est la grosse société qui va m'employer bientôt qui a exigé ce test en complément de mon dossier, c'est tout !

Troisième client *(soupçonneux et dubitatif)*
Hm hm !

Premier client
De toutes façons si je l'avais – ce qui n'est pas le cas hein!
– je suis sûr que c'est un voisin de bureau, jaloux, qui me
l'aurait passé.

Troisième client
Hum hum ! Donc là où vous êtes là, vous n'êtes sûr de
rien ! Mais c'est MOI que vous avez vu ! Alors que, si moi je
suis ici, c'est juste pour prouver à ma femme, qu'elle a tort de
me soupçonner d'avoir attrapé le SIDA pendant que je lavais
le chien. *(Réfléchissant un peu)* en tous cas si je l'ai, hein,
c'est certainement ma belle-mère qui l'a mélangé au "sanga"
que nous avons mangé dimanche dernier….

Quatrième client
Mon frère, vous-même vous croyez qu'on est ici pour
quoi ? Moi je dois garder les enfants de ma grande sœur, et
elle veut être sûr que je ne vais pas les contaminer en leur
donnant le biberon ; mais est-ce qu'un gars comme moi peut
avoir le SIDA ? *(TILT !)* A moins que le vieux de tout à
l'heure dans le bus…Wouhou ! Dans ce cas, n'est-ce pas je
connais le chez lui ? Je m'en vais directement *(faisant le
geste de tordre le cou)* crrr aagnac !

Troisième client
Ekiéye ! C'est comme moi ! Si on me trouve le SIDA, je
m'en vais finir ma belle-mère au village *(Il reste silencieux,
les sourcils froncés, la mine boudeuse, et décrète enfin
d'un air résolu)* : après je viens finir ma femme

(Stupéfaction des autres clients)

Troisième client *(expliquant)*
Oui ! Parce qu'elle aurait quand même pu surveiller la cuisine que faisait sa mère…

(Un brouhaha de voix s'élève où chacun émet les hypothèses les plus folles)

Premier client
Moi si j'ai le SIDA je m'arrange à contaminer le plus de personnes possibles… *(Réaction horrifiée de tous)*

(Les clients sont appelés un par un pour les prélèvements, disparaissent derrière un rideau et reviennent ; le 1ᵉʳ client, appelé en dernier lieu, ressort en compagnie du médecin)

Le médecin
Bon, jeudi après midi c'est bon, vous pourrez avoir les résultats

Les clients
Oui, docteur, merci bien docteur

Le médecin
D'ici là, ne soyez pas trop inquiets

Premier client *(riant jaune)*
Non, hanhanhain…il n'y a aucune raison d'être inquiet, docteur, aucune.

Le médecin
A jeudi donc

Les clients
A jeudi docteur

(Musique de balafons pendant que tous se dispersent)

Le même décor que précédemment ; le 1ᵉʳ client entre et attend ; arrive le 2ᵉᵐᵉ client qui le reconnaît et s'en va lui serrer la main.

Deuxième client
Hé, frère ! Te voici encore ? C'est comment ?

Premier client
On est là, on va encore faire comment ? Le dehors veut seulement nous finir! **(Un silence)** Tu es là aussi pour tes résultats non?

Deuxième client
Wèèèh, laisse seulement ! je n'ai même pas un peu dormi depuis avant-hier. Je ne sais vraiment pas ce que je vais faire si j'ai le….

(Un grand cri « Esssimo eeee », l'interrompt soudain, tandis que du fond du laboratoire sort le 3ᵉᵐᵉ client, brandissant un papier ; il se dirige vers la sortie, et, reconnaissant au passage le premier client, il lui dit)

Troisième client

Pâââpa ! N'est-ce pas tu avais dit que je serais « zéropositif » ? Me voici alors « zéronégatif » ! J'attends ton tour !

Deuxième client

Aka toi aussi ! Tu y penses encore ? N'est-ce pas qu'il disait ça pour te taquiner, hein mon beau ? Va seulement annoncer la bonne nouvelle à ta femme !

Premier client

Ouais ! Au moins on est sûr que ta belle-mère restera en vie

Troisième client

C'est une chanceuse ! Mais je vais quand même trouver une bonne raison pour la finir

(Il sort ; les deux autres restent seuls un moment, puis apparaît le médecin)

Le médecin

Anabé Gabriel…c'est qui ?

Premier client *(prenant peureusement l'enveloppe que lui tend le médecin)*

C'est moi

Le médecin *(clignant de l'œil)*

Bravo !

Anabé

Hein ? Donc…

Le médecin
Chuuut ! je ne devrais pas vous le dire, mais vous êtes séronégatif.

Anabé
Merci beaucoup docteur !

Le médecin
Onendzug Gaston, est-ce qu'il est là ?

Troisième   client *(marquant   des   signes d'appréhension)*
Me voici…

Le médecin
Bravo également

Onendzug
Merci ! Hé, merci beaucoup docteur ! Je ne sais pas ce que j'aurais fait si j'avais eu le SIDA…

(Le médecin s'en retournant, Anabé le rattrape et l'interroge vivement)

Anabé
A propos docteur, vous êtes sûr que le gars de tout à l'heure, LUI il n'avait pas le SIDA ?

Le médecin *(se renfrognant)*
Monsieur, quand même, vous n'allez pas m'apprendre mon métier ?

Anabé

Non, mais il avait l'air…

Le médecin

L'air, l'air…et j'ai l'air de quoi, moi ? D'un curé ? Si je vous dis qu'il n'a pas le SIDA, vous n'avez pas à contester mon diagnostic ! Occupez-vous de votre manioc et laissez l'air des gens tranquille !

(Il sort, bien furieux)

LES DEUX COMPAGNONS SONT À L'EXTERIEUR

Anabé

Ce gars-là ne va pas me dire que le client de tout à l'heure n'avait pas le SIDA. Là, je ne peux même pas un peu être d'accord !

Onendzug

Papa laisse ! Puisqu'il te dit que les tests ont été **(imitant le 3ème client)** « zéronégatifs » !

Anabé

Hmm hmm, tagé. Ma yeb kig mam nala. Un sale bonhomme comme ça, ne pas avoir le SIDA? Le docteur s'est trompé !

Onendzug

Mais les tests…?

Anabé

Justement quels tests ? Ils ont été effectués où ? Quand ? Comment ? Toi-même, pendant tout le temps que tu étais au labo là, est-ce que tu as vu une seule machine !

Onendzug *(comme réalisant brusquement)*

Heye !

Anabé

Hum hum ! Toi-même tu vois que tu n'as rien vu non ? Parce qu'il ne faut pas oublier que certains de ces gens-là peuvent être des escrocs hein ! Ils sont là, laboratoire de cì ôôô, centre d'analyses médicales de ça ôôô, qu'est-ce qui prouve qu'ils sont qualifiés et disposent du matériel adéquat ? On te fait attendre dans une salle, on te prélève du sang, on disparaît dans un couloir, et paf ! On revient te dire que tu n'as pas le SIDA !

Onendzug

Pâââpa ! C'est vrai que dans ce laboratoire-là, il n' y avait même pas un petit bruit de machine « arouaaang » !

Anabé

Hm hm ! Nde tu commences à me comprendre ! Imagine que ce médecin, c'est même un faux médecin, hein, il n'a pas d'appareil, il te prend du sang pour rien, et selon son humeur, il revient te donner un résultat : et c'est comme ça qu'il escroque les gens…

Onendzug *(convaincu)*

Ca c'est vrai ça ! Il nous a mis séronégatifs aujourd'hui parce qu'il était content : sa femme a dû lui cuisiner un

« Domba » de vipère bien pimenté.

Anabé *(Rêveur)*
Le « Domba » de vipère au « messep », avec du « ntouba » vert et mûr mélange…assiuuu…haaa ! Ca te met dans de ces bonnes dispositions !

Onendzug
Mais dis-moi ! S'il n'a pas utilisé notre sang, qu'est-ce qu'il en a fait alors ?

Anabé
Aka ! Il peut même l'avoir vendu aux vampires !

Onendzug
Hékékélé kélé éééé ! Mon sang chez un vampire ô ! Wèèèh ! Les gens sont vraiment malhonnêtes ! Et c'est comme ça que le gars s'est enrichi, alors qu'il ne vaut rien !

Anabé
Amuse-toi avec les gens ! Il y en a qui ne sont là que pour escroquer le monde et se bourrer les poches !

Onendzug
Hé, mon frère ! Qui me fait alors devenir comme ça héé ? Moi qui ne rêve que d'avoir beaucoup d'argent pour être entouré de jolies filles et boire de l'"arki" tous les dimanches !

Anabé *(sourire carnassier, le prenant par le col de sa chemise et le regardant droit dans les yeux)*
Et qui te dit que tu ne peux pas y arriver, hein ?

Onendzug

Mais comment, pâpa ?

Anabé

Comment comment ? Quand on parlait du médecin tout à l'heure, on supposait qu'il avait fait comment ?

(Ils se regardent un moment dans les yeux ; Onendzug a enfin un geste de compréhension, puis tous les deux se tapent dans les mains en criant)
Bok ! Le lièvre est malin !
Bok ! Deux lièvres sont plus malins qu'un lièvre !
L'argent est à notre portée !

(Musique de balafons pendant qu'ils sortent)

Décor de laboratoire ; une jeune femme en blouse blanche fait son entrée en chantant, puis met de l'ordre sur le bureau. Apparaît ensuite Anabé, affublé d'une blouse blanche et d'un stéthoscope ; s'approchant de la jeune fille, il lui chatouille l'échine

Anabé

Comment te sens-tu, Otetek ?

Otetek *(c'est l'infirmière du tableau précédent)*
Avec le nez, comme d'habitude

Anabé

Ekiééé, Otetek ! Vas-y gentiment ! Pourquoi es-tu si dure avec moi ?

Otetek *(se tâtant les cuisses dans une gestuelle de strip-teaseuse)*

Dure ? Avec toi ? Pourtant je sens ma chair toujours aussi tendre...

Anabé

Héé, Otetek ! Si tu pouvais également avoir le cœur tendre à mon endroit !

Otetek

Et pourquoi pas à ton envers, pendant qu'on y est ?

Anabé

Toi aussi...

Otetek

Moi aussi quoi ? Je ne suis pas venue ici pour que tu lorgnes sur mes belles cuisses, que je sache ! Quand vous êtes venus me dégotter du labo Gombo, c'était pour venir travailler, ou pour livrer des parties de jambes en l'air ?

Anabé

Mais pourquoi pas ? On peut bien joindre l'utile à l'agréable !

Otetek

Moi je préfère me cantonner à l'utile, c'est-à-dire gagner du fric, avant de me rendre désagréable à ton endroit- ou à ton envers si tu préfères...

(Surgit Onendzug, affublé également d'une blouse blanche et d'un stéthoscope)

Onendzug

Ekié ékié ékié ! Tout le temps en train de vous disputer ! (Se faisant conciliant) Ecoutez, nous sommes ici pour gagner du fric, du fric et rien que du fric ! Avec nos trois intelligences, nous pouvons y arriver ! Toi Otetek que ton patron ne payait plus au Labo Gombo, tu devrais être la plus motivée d'entre nous !

Otetek

Mais justement ! C'est ce que je m'évertue à expliquer à ce...

(Un bruit de porte qu'on toque les interrompt, ils se tiennent cois et sages comme si de rien n'était ; entre un vieux monsieur)

Le vieux

Bonjour tout le monde

Les trois autres *(ânonnant en chœur comme à la maternelle)*

Boooon-joooouuuur-moooon-sieuuuur !

Otetek *(se ressaisissant)*

Eké, bonjour monsieur ! Qu'est-ce qu'on peut faire pour vous ?

Le vieux

Mais ! Vous dépistez le SIDA non ?

Otetek

Oui, oui ! Vous voulez faire un test ?

Le vieux

Mais oui non ? Vous croyez que je suis ici pour acheter de l'oignon ?

Anabé

Mais non, papa, bien sûr que non ! On voulait savoir si vous faisiez le test tout de suite ou bien si c'était pour avoir des renseignements.

Le vieux

Hm hm ! Bon, le test c'est combien ?

Otetek *(étourdiment)*

Ca dépend ! Vous avez combien dans….

Onendzug

Hun hun hun hun ! Tam te bî dzou, âh, Otetek! *(Au vieux):* papa, laissez! Vous connaissez les femmes avec leur bouche. Donnez ce que vous avez, on va vous faire le test. *(Pendant que le vieux fouille dans ses poches, Onendzug se précipite vers Otetek et lui dit avec agacement)* : c'est quand même le premier client, il faut y aller mollo !

(Le vieux se tâte de partout, hésite)

Le vieux

Je ne sais pas si ça va suffire, hein ? J'ai seulement…20.000 francs sur moi

Anabé *(à part)*
20.000 francs ? **(Se précipitant vers le vieux, la main tendue).** Donnez ! Heu…enfin, papa, c'est parce que c'est vous, qu'on laisse à ce prix-là !

(Le vieux paye et les garçons se dirigent vers la sortie)

Onendzug
Papa votre fille va rester vous faire un prélèvement, d'accord ? Nous pendant ce temps on s'en va chauffer le moteur des machines.

(Le vieux et Otetek restent tout seuls ; la jeune fille déniche seringue et alcool, puis s'en va relever la manche du bonhomme assis, qui lui tend l'autre bras)

Le vieux
Ma fille, je préfère ici, au bras gauche

Otetek
Et pourquoi donc ?

Le vieux
Parce que au village on m'appelle « le bras droit du chef ». Si maintenant ta piqûre abîme ce bras droit, est-ce que tu crois que ce serait bien qu'on m'appelle « le bras gauche ? »

Otetek
Ekié non, soyez tranquille, je vais vous faire la piqûre sur le bras gauche.

(Elle lui prend le bras et trifouille avec sa seringue)

Le vieux *(réticent)*
Carotte-moi d'abord

Otetek
Pardon ?

Le vieux
Ma femme était une très bonne "firmière", et quand elle me faisait mes piqûres contre mon "asthmatisme", elle mettait d'abord un « carrot » en caoutchouc au bras

Otetek *(qui restait stupéfaite, comprend enfin)*
Aaang, un garrot ! Mais où avais-je la tête !

(Elle farfouille dans ses tiroirs puis, s'apercevant qu'elle ne dispose pas de garrot, profite de l'inattention du vieil homme pour enlever le chichi qui lui retenait les cheveux, le lui enfile sur le bras ; puis elle plante rapidement l'aiguille dans la chair, comme une voleuse de sang)

Le vieux
Attention, ahhh ! Qu'est-ce que vous faites !

Otetek
Je viens de vous faire une extra veineuse

Le vieux
Extra veineuse, qu'est-ce que c'est encore ?

Otetek

Je vous ai fait une piqûre hors des veines, pour ne pas les abîmer, voilà pourquoi c'est une extra veineuse

Le vieux

Moi je vois plutôt que vous êtes extraordinairement extravagante

Otetek

Pas plus que vous en tous cas

Le vieux *(s'énervant)*

D'ailleurs vous êtes une incompétente

Otetek

Incompétente, moi ? *(Elle se rapproche, menaçant de sa seringue)* je suis un peu fatiguée, c'est tout !

Le vieux *(battant en retraite, apeuré et radouci)*

Ah, je comprends, d'ailleurs c'est arrivé plusieurs fois à ma femme aussi. Bon, quand est-ce que je peux avoir les résultats ?

Otetek

Tout à l'heure, disons cet après –midi

Le vieux

Comme ça, je m'en vais d'abord faire un tour ; à tout'suite

(Le vieux sorti, Anabé et Onendzug accourent aux nouvelles, demandent simultanément)

Anabé et Onendzug

Alors, Otetek, comment ça s'est passé ?

Otetek

Pff ! Il est grave, ce monsieur ! Emmerdant, bavard, capricieux, oooouuuf !

Anabé

En tous cas, moi je le trouve for-mi-dable ! Payer spontanément 20.000 CFA alors que le test c'est 9500 ailleurs, ça mérite quelque chose !

Onendzug

Moi aussi je l'adore ! Et j'estime qu'il est séronégatif !

Otetek

Et pourquoi?

Anabé *(énervé)*

Mais il a quand même payé 20.000 francs ! On ne va pas être assez mesquins pour lui mettre le SIDA non ?

Onendzug

E Ekié, calmez-vous c'est pas la guerre! **(A Anabé)**: puisqu'il a un peu emmerdé Otetek, mettons-lui une mieeettte de SIDA comme ça.

Anabé

Non ! Ce serait malhonnête !

Otetek

Tiens, tiens ! Monsieur a des scrupules ! Parce que les

20.000francs que tu viens de lui soutirer, c'était honnête ?

Anabé
Otetek, installe-toi derrière ta foutue machine, et écris que ce monsieur n'a pas le SIDA !

(Ce disant, il l'attrape par la taille et la pousse derrière la table ; Otetek se débat et dans la mêlée parvient à lui asséner une gifle ; au même moment se fait entendre la voix d'un client entré en douce ; ses manières et son habillement donnent tout de suite à penser que c'est un étudiant)

L'étudiant *(gestes et langages précieux)*
Holà ! Holà ! Du calme ! Si vous vous battez entre vous, vous ne pourrez guère inspirer confiance aux clients.

Anabe et Otetek
Battre ? Se battre ?

L'étudiant *(à Otetek)*
Oui, vous vous livriez à des gestes peu amènes envers ce monsieur – oserais-je l'appeler Docteur.

Otetek
Pas du tout, alors là pas du tout, très cher monsieur ; je ne faisais – et je vous prie de bien vouloir m'en croire – que tuer un insecte qui s'était posé sur la joue de mon….

L'étudiant *(dubitatif)*
Anghaaang ! Je vois cela d'ici ! Et…quel genre d'insecte s'il vous plaît ?

(Otetek prise au dépourvu, regarde les autres qui lui soufflent quelque chose : elle répète alors)

Otetek
Un " osun"…

L'étudiant
Un ooosun ? Que diantre un osun peut-il venir faire en plein laboratoire, dans une grande ville ? Si je ne m'abuse j'ai souvenance que c'est une mouche rouge, agent vecteur de la loase, que l'on ne trouve que dans les villages, me trompai-je ?

Anabé *(excédé)*
Holà, monsieur, rompez ! Vous êtes détective ou potentiel client ?

L'étudiant
Ne le prenez guère sur ce ton, monsieur ! Je suis un potentiel client, si je comprends ce que vous voulez dire

Anabé
Vous avez parfaitement compris, venons-en au fait ; *(imitant le jeune homme)* : le test, vous le voulez faire… *(Se ressaisissant)* : votre test de dépistage, vous le faites tout de suite ou bien…

L'étudiant
Je le voudrais bien, mais je crains fort de ne point m'être assez préparé financièrement

Anabé
C'est-à-dire ?

L'étudiant

J'ai ouï dire que ce genre d'examen médical était fort cher, or, pauvre étudiant en phi-lo-so-phie de mon état, je ne dispose que de 7.500 dans mon porte-monnaie en crocodile griffé.

Otetek

Donnez toujours !

Anabé

Attache un peu ta bouche ! C'est moi qui suis le chef ici !
(À l'étudiant) : rajoutez 1.500 et je vous le fais.

L'étudiant

Mais je vous affirme…

Anabé

Rajoutez 1.500 et taisez-vous ! Vous ne comprenez pas que c'est une faveur qu'on vous accorde ? Le test c'est 9000….20.000 francs hein !

L'étudiant

Dans ce cas, je m'exécute ; de mauvaise grâce, certes, mais je m'exécute quand même.
(Il paye. Anabé se saisit de l'argent et disparaît en compagnie d'Onendzug ; Otetek s'empare d'une seringue, trifouille un moment le bras du jeune homme).

L'étudiant

Que faites-vous donc, gente citoyenne ?

Otetek *(embarrassée)*
J'essaye de trouver vos veines

L'étudiant *(après un autre essai infructueux de la jeune femme)*
Visez donc ce trait bleu, sur mon avant-bras !

(Otetek approuve et en profite pour détourner l'attention du garçon, à qui elle « vole » rapidement du sang.)

L'étudiant *(délicat)*
Il faudrait du coton pour essuyer cette goutte de sang, qu'en pensez-vous ?

(Otetek lui apporte une miette de coton et le jeune homme se lève).

L'étudiant
Merci, mademoiselle ; quand pourrais-je avoir les résultats ?

Otetek
Tout à l'heure, à dix-sept heures.

L'étudiant
Déjà ? Enfin c'est très bien; permettez que d'ici là je vous offre un p'tit rafraîchissement.

(Il lui refile discrètement un billet.)

Otetek

Merci ! Merci bien, petit frère ! Tu connais là les vraies choses de l'existence : va donc, et n'aie aucune crainte, tu n'auras pas le SIDA !

L'étudiant

Ah ? Comment ça ?

(Otetek pour se rattraper, s'embrouille dans des commentaires sur la bonne santé apparente du jeune homme, qui prend enfin congé, flatté de ce qu'il croit être de l'admiration ; Anabé et Onendzug accourent, abrégeant ironiquement les adieux entre les deux ; au même moment entrent une jeune fille et deux bonshommes)

Premier Bonhomme

C'est ici le laboratoire « Sang pour sang ? »

(Les compères approuvent vivement)

Anabé

C'est d'ailleurs écrit sur la pancarte, là dehors.

Deuxième bonhomme

Est-ce qu'on peut faire un test tout de suite ?

Onendzug

Bien sûr ! Mais il faut payer avant d'être servi !

La fille

Et c'est combien le test ?

Anabé *(avec un regard lubrique)*
Ca dépend de ce que vous avez, vous…

La fille
Ah bon hein ?

(Anabe la cueille au vol, l'entraîne au fond de la pièce, et on voit à ses signes qu'il lui propose de se laisser caresser, pour ne rien avoir à payer ; puis il rejoint ses compères, et la jeune fille va s'asseoir en attendant. Les trois clients se retrouvent seuls)

(Les trois clients sont tout seuls)

Premier bonhomme
Hé, Baltha tu étais au match hier ?

Deuxième bonhomme
Où même pâpa ! Kata n'a pas voulu !

Premier bonhomme
Tu as raté! Il y avait match! "ECORCE" a joué la vraie magie! Leur numéro dix, TCHOUKOU, a sorti un de ces « shoots » fumants ! Mbilanaki a eu beau plonger, la balle était déjà au fond des filets !

Deuxième bonhomme
Ca c'est quelque chose! N'est-ce pas « Sanga » commençait déjà à crâner parce qu'il avait gagné le championnat? Il ne savait donc pas que « Ecorce » c'est un vrai baobab !

La fille *(qui marquait depuis le début des signes d'énervement, prend violemment parti)*

Ca veut dire quelque chose ça? « Ecorce »a gagné par hasard ! On attend la coupe des nations non? On va voir s'ils ne vont pas être éliminés dès le 16ème tour !

Premier bonhomme *(la dévisageant avec stupéfaction)*

Elle sort d'où ? La fille-ci elle ose parler de football quand les hommes discutent ballon ?

La fille

Et puis quoi ? Je suis passionnée de foot moi!

Deuxième bonhomme

Quoi! Ta mère ne t'a pas dit que tu dois fermer ta bouche quand les hommes bavardent?

La fille *(scandalisée)*

Iki ! Parce que qui est mort ?

Premier bonhomme *(s'approchant en menaçant)*

Ta mère ne t'a pas appris… ?

La fille

Foutez la paix à ma mère, vous et vos conceptions de moineaux arriérés !

Deuxième bonhomme

Tu insultes qui moineau arriéré? Entre toi et moi qui est plus arriéré que qui ? Tu ouvres même ton bec quand les hommes bavardent ? Ne fais pas que je te botte hein…

(Il va pour lui donner un coup de pied mais elle le projette au sol d'une prise de karaté ; les compères accourent, séparent les belligérants qui vocifèrent de part et d'autre)

Anabé
Calmez-vous ékié calmez-vous qu'est-ce qui ce passe ?

Premier bonhomme
Regardez-moi cette petite sotte ! Elle se permet d'ouvrir sa gueule quand les hommes discutent ballon.

(Il fonce sur la fille qui le cueille avec une gifle)

Anabé *(prenant la fille sous sa protection)*
Petite sotte ? Gueule ? Modérez vos propos monsieur !

Onendzug
En tous cas ce laboratoire n'est pas un ring de boxe ! Attendez d'être dehors pour la battre !

(Anabé entraîne la fille hors de la pièce).

Otetek
Bon tenez-vous tranquilles, on va vous faire des prélèvements !

(Elle s'occupe du premier bonhomme ; le second, réticent, repousse la main d'Onendzug)

Onendzug
C'est quoi ? Qu'est-ce qu'il y a ?

Deuxième bonhomme
Mon frère attends je t'explique…

Onendzug
Expliquer quoi encore ?

Deuxième bonhomme *(prenant l'autre à témoin)*
C'est que, hein, Dieunedort…N'est-ce pas un jour quand j'étais petit, je suis allé au champ avec ma mère pour ramasser les patates ? Je soulève les herbes, je sens seulement quelque chose qui me pique à la main « hawaaaang ! » ! Un serpent m'avait mordu ! J'ai commencé à crier « woooye ma mère », elle m'a transporté vite, je ne sais même pas comment, à l'hôpital des sœurs. Dieune n'est-ce pas j'ai failli mourir ? J'ai eu la fièvre fatigué. Il restait un peu comme ça, je partais rejoindre mon grand-père au paradis…

Anabé *(ressurgissant avec la fille)*
Ou en enfer…

(La fille gagne l'extérieur en narguant le premier bonhomme toujours furieux)

Deuxième bonhomme
Mon frère, n'est-ce pas c'est le même proverbe chez toi qui dit aussi chez moi que « la main qui a été piquée par un serpent a peur même du mille-pattes ? »

Onendzug *(qui ne voit pas très bien où l'autre veut en venir)*
Hmmhmm !

Deuxième bonhomme

Tu comprends alors pourquoi même si je vois un petit bambou comme ça s'approcher...

Anabé

Ca va, ça va, on a compris ! Dites une seule fois que vous avez peur des piqûres !

Baltha

Non, ne dis pas que j'ai peur, c'est seulement que…

Otetek *(clignant de l'œil à ses compères)*

….la main qui a été piquée par un serpent a peur MEME du mille-pattes !

Baltha

Yaaa ! Ma sœur, tu as compris !

Anabé

Quand vous veniez d'abord pour faire le test, vous pensiez que ça se passait comment ?

Baltha

Mais, qu'on pouvait donner la salive, ou le pipi non ?

(Les comparses éclatent de rire puis tiennent un petit conciliabule)

Anabé

Bon, on va étudier votre cas…

(Ils sortent tous les trois)

Baltha

Hééé, Dieune, mon cas est lourd ! Qui m'a même dit d'aller en boîte mercredi dernier sans préservatifs ? Me voici obligé de venir faire un test sur le SIDA où on va me piquer avec une aiguille !

Dieune

Laisse non ? Les docteurs ont dit qu'ils allaient étudier ton cas ! En plus, ça ne te sert à rien de venir faire un test maintenant, puisque c'est trois mois après un rapport douteux qu'on sait si oui ou non on est contaminé…

(Les compères reviennent)

Anabé

Bon, on va vous faire le test comme ça, sans prélèvement !

Baltha

Youu ! C'est possible ?

Anabé

Oui, à condition d'ajouter 10.000 francs sur la somme normale, parce que cette façon de procéder coûte excessivement cher.

Baltha *(d'abord refroidi)*

Pas de problème, grand, pourvu que l'aiguille ne me touche pas !

Otetek

A propos, que les autres payent aussi ! *(Désignant)* :

33

10.500 francs pour monsieur, 20.500 francs en tout pour vous, et pour madame…

Anabé

Non pour madame c'est déjà réglé, il n'y a plus de problèmes !

Otetek *(avec mépris)*

AAAh ! Je vois la NATURE du paiement, braaavo !

Dieune

Madame, on vient chercher les résultats quand ?

Onendzug

Cet après –midi…

Anabé

Mais je vous signale qu'il ne faudra les lire qu'à la maison, et rien qu'à la maison !

Baltha

Pardon, chef, vous êtes sûr que sans prélèvement…

Anabé

Ekié c'est moi qui vous dis non ? On va alors voir si cet après-midi vous n'aurez pas vos résultats !

Baltha

Merci beaucoup mon frère… *(Entraînant son compagnon)* Dieune, les gars sont forts ici dehors ; tu vois, sans prélèvement, ils font le test sur le SIDA. Partons seulement *(ils sortent en louant les progrès apparents de la science)*

(Les trois comparses sont de nouveau seuls)

Onendzug

Pâpa ? Qu'est-ce qui t'a pris de leur sortir le boniment qu'ils ne devaient lire les résultats que chez eux ?

Anabé

Onendzug, tu es bête ! Tu ne comprends pas que, si quelqu'un lit son résultat ici, et qu'il voit que tu lui as mis « séropositif », il peut même te poignarder ? Alors que si c'est à la maison, bien sûr il va être furieux, abattu, machin, toutes les étapes que tu peux imaginer, mais il aura le temps de se calmer ; et quand il reviendra nous voir, ce sera à nous de jouer !

Onendzug

A nous de jouer ? A propos de quoi ?

Anabé *(doctement)*

Mais on va leur vendre un médicament censé les guérir !

Onendzug

Ooowé ! Un médicament de notre fabrication ! Ca c'est un bon plan ! *(Un silence)* Mais pourquoi tu veux spécialement mettre à ces deux là, qu'ils ont le SIDA ?

Anabé

Tu ne les as pas entendus parler ? « Ecorce a battu Sanga, machin a battu ceci ! Nous, on supporte « Sanga football club » non ? Et eux ils supportent « Ecorce » :

35

automatiquement ils ont le SIDA ! On ne va pas se casser la tête plus longtemps !

Onendzug
Parfaitement !

Anabé
De plus, pour nous faciliter la tâche, et savoir à qui ou non désormais donner le SIDA, il convient de nous fixer des CIDS.

Onendzug et Otetek
Des CIDS ?

Anabé
Critères **I**ntérieurs de **D**étermination du **S**IDA : caporal Onendzug, écrivez !

Onendzug *(avec un salut militaire)*
Oui, mon commandant !

Anabé

Article I
Nous, responsables du laboratoire, sommes habilités à déterminer ar-bi-trai-re-ment la séropositivité ou la séronégativité des clients !

Article 2
Sont déclarés séronégatifs, tous ceux qui, par leurs actes sont jugés sympathiques : ceux qui payent le prix fort, ceux qui nous livrent leurs sœurs, et toutes celles qui acceptent de

payer en nature !

Article 3

Par contre, tous les antipathiques ont le sida !

Ceux qui ne supportent pas " Sanga football club" ont le sida !

Ceux qui ne militent pas dans le PCC (parti des cons cernés) ont le sida !

(Ils sortent en débitant leurs boniments)

CHOREGRAPHIE ET CHANGEMENT DE DECOR INTERVIENNENT EN GUISE D'INTERLUDE. LA CHOREGRAPHIE SYMBOLISE L'AMPLEUR ET LE SUCCES QUE CONNAISSENT LES COMPARSES, PUIS L'INFILTRATION PERNICIEUSE DE LA MALADIE PARMI DES PERSONNES DE TOUS GENRES, ET ENFIN LA DECADENCE DES MALADES ATTEINTS

Le décor est toujours celui du laboratoire des comparses ; à l'ouverture de la scène, Otetek chante en faisant de l'ordre ; Anabé, gros et bien habillé, la rejoint, chante avec elle et veut lui donner un bisou : il récolte une gifle.

Anabé *(toujours content malgré la gifle)*

Haaa, vive nous ! C'était une idée for-mi-dable ! En deux ans, bilan plus que positif ! Notre chiffre d'affaires a quintuplé, nous avons des ministres comme abonnés (**au public**) oui, comme client abonnés ! Nous faisons des tests à domicile, et le service de détermination des groupes sanguins que nous inaugurons ce matin n'attend plus que ses premiers clients !

Onendzug *(surgi entre temps, lui aussi gras et costumé-cravaté)*
Pâpa, moi-même ! Si on m'avait dit que j'aurais des chaussures Weston, une montre Cartier et une Pajéro garée dehors, je n'y aurais même pas cru !

Anabé
Et les filles, hein, les plus belles femmes de ce pays, que tu as tenues dans tes bras, parce qu'elle voulaient être séronégatives ?

(Rires gras et satisfaits, commentaires laissés à l'appréciation des comédiens ; apparaît une jeune fille – la belliqueuse de l'acte précédent – en blouse blanche et stéthoscope, sur qui bondit Onendzug pour l'embrasser ; à la demande d'Anabé, elle apporte du Champagne qu'ils boivent en manifestant bruyamment leur joie et en chantant)

Chant :
Quand je bois du vin clairet, ma tête tourne tourne tourne tourne tourne
Aussi désormais je bois je bois du Champagne
Chantons et buvons, à ce flacon faisons la guerre
Chantons et buvons, mes amis buvons du Champagne

Anabé
Bon, on va bientôt commencer ; avec le tapage que nous avons fait à travers les medias j'espère qu'il y aura une file de

bons…

Onendzug

…payeurs ! Hahaha ! Quand je pense à tous ceux qui ont
déboursé des tonnes, pour se voir déclarer « séronégatifs ! »

Anabé *(riant de même)*

Après, on va dire que l'argent ne fait pas le bonheur !

Onendzug

Oui, mais il l'achète !

(On entend sonner une horloge)

Anabé

Voici venue l'heure de vérité : aurons-nous autant de
clients pour les groupes sanguins que pour le SIDA ?

*(Onendzug, sur injonction des autres, s'en va ouvrir
une porte adjacente ; on entend en fond sonore un bruit
de clientèle nombreuse, avec des cris, indications, etc.
provenant de l'extérieur du laboratoire)*

Onendzug

Oukoukouloukoulououououououououououou !
On souhaitait un succès, nous voilà servis !

(Tous viennent lorgner avec lui)

Anabé

Si ça continue chaque jour comme ça, dans deux ans je
pourrais acheter soixante-treize immeubles, vingt-et-une

villas, et quatorze studios dans un quartier chic de la capitale !

Onendzug
Yéééé ! Pourvu que ça continue comme ça !

Otetek
Oui, mais pas pour les ordures ! Les gens se croient toujours obligés de salir partout où ils passent ! Regardez-moi ça !

(Elle sort. Un bruit métallique se fait presque aussitôt entendre, et l'on voit s'avancer par l'entrée opposée un personnage horrible, affublé de noir, le pied bot et le regard terrible)

Anabé *(reculant de surprise)*
VOUS, Mami Wata ? Mais….on vous attendait demain non ?

Mami Wata
J'ai eu une urgence au village pour mes traitements, alors je suis venue plus tôt !

(Aussitôt Onendzug envoie précipitamment Scholastique - l'ex belliqueuse désormais en blouse blanche et stéthoscope - dehors avec un plateau médical bourré de seringues et de fioles. Dans le même temps, Otetek refait son apparition et, à la vue de Mami Wata, détale en criant de dégoût)

Mami Wata *(trépignant de rage)*
WAYA ! Votre collègue a toujours envers moi ce

comportement méprisant ! Sait-elle que je peux me fâcher ?

Anabé *(suppliant)*
Non, aka, Mami Wata, laissez ! C'est une petite idiote !

Mami Wata
Ne sait-elle pas que c'est de moi que dépend votre prospérité ?

Onendzug
Ekiée non, Mami ne vous fâchez pas, laissez seulement ! .

Mami Wata *(rugissant)*
A-t-elle conscience que d'un seul mot, d'un seul geste, je peux briser le charme qui attire votre nombreuse clientèle ?

Anabé et Onendzug
Mami Wata, laissez ! On va lui parler, et si elle ne veut pas entendre raison, nous la chasserons d'ici !

Mami Wata *(faisant durer le suspense, se calme enfin)*
Bon, n'en parlons plus. Est-ce que vous pouvez être prêts tout de suite ?

Anabé
Mais bien sûr, Mami Wata ! Pour vous, nous sommes toujours prêts !

Mami Wata
Bien ! Allons-y !

(La scène s'est éteinte, faisant place progressivement à une lueur rouge qui éclaire l'avant-scène ; Mami Wata fait agenouiller Anabé et Onendzug au-dessus desquels elle débite des incantations incompréhensibles, gesticulant de façon abracadabrante ; avec un chasse-mouches, elle asperge les compères d'une mixture contenue dans un canari, projette ce liquide dans la direction où s'est enfuie Otetek en disant)

Mami Wata
Tiens ! Que tu le veuilles ou pas !

(Les lumières reviennent progressivement, montrant la scène comme si de rien n'avait été)

Mami Wata
Est-ce que c'est bon ?

(Anabé se précipite vers l'extérieur en appelant Scholastique, laquelle revient avec le plateau plein de fioles de sang ; Anabé s'en saisit et revient vers Mami Wata).

Anabé
Mami Wata…Fraîchement récolté, d'ailleurs…

(Mami Wata se pourlèche les babines, choisit une fiole dont elle goûte le contenu, appréciant d'un hochement de tête avec des gargouillis de joie. Les comparses cachent mal leur dégoût. Mami Wata ramasse avidement le reste des fioles qu'elle fourre dans son canari ; au moment de partir, elle se tourne vers les

compères.)

Mami Wata
Parlez à la fille, ou chassez-la ! Sinon, plus de clients !

Les autres
Ne vous inquiétez pas Mami Wata, nous allons lui parler, et si elle n'est pas contente, nous la chasserons d'ici !

(Juste au moment où la sorcière disparaît, Otetek, hagarde, sort de sa cachette)

Otetek *(furieuse, ramassant ses affaires)*
Ne vous dérangez pas pour me chasser, je m'en vais de moi-même !

Anabé
Calme-toi, Otetek !

Otetek
Toi l'apprenti sorcier-vampire, tu me fous la paix ! Foutez-moi la paix tous ! C'est le dernier jour que j'ai passé dans ce maudit laboratoire, avec vos combines, vos escroqueries, vos...salopes *(avisant Scholastique, elle lui donne une gifle)*, et votre diable qui prétend opérer un charme pour attirer les clients.

(Otetek vocifère, saccage tout, tandis que les garçons essayent de la raisonner ; elle s'empare du téléphone)
Otetek
Allô, Roland, oui, c'est moi, viens vite, viens me chercher....c'est affreux...c'est horrible....je ne veux plus

rester ici…ACCOURS s'il te plaît !

(Elle va s'affaler dans un coin ; consternés, ses compères s'en approchent)

Otetek

Ne me touchez pas ! IIIICCCHHH ! Vous êtes monstrueux ! Comment pouvez-vous fricoter avec un vampire !

Anabé

Voyons Otetek ne fais pas la sotte ! Tu sais bien que c'est grâce à cette femme que nous sommes ce que nous sommes aujourd'hui : c'est une puissante !

Otetek

Faux ! Elle vous escroque et vous mène par le bout du nez ! Il y a un an, est-ce qu'on ne s'en sortait pas sans elle, grâce à nos combines ?!

Onendzug *(timidement)*

Oui, mais ça ne suffisait pas…

Otetek

Qu'est-ce qui ne suffisait pas, hein ? On avait du fric à gogo, la conscience-presque-tranquille, puisqu'on ne faisait pas vraiment de mal aux gens ! A présent, sous prétexte d'en vouloir plus, il faut qu'on se transforme en criminels ! Qu'on donne à cette ordure, le sang de nos clients !

(Les garçons, atterrés, ne disent mot)

Otetek

En tous cas, moi je suis chrétienne ô ! Si Dieu voit comment on donne le sang de ses enfants à des connards comme ça…

Scholastique *(ironique au possible)*

Oui mais quand on boit le sang de Jésus à la messe, Dieu ne réagit pas….

Otetek *(outrée, se précipite sur Scholastique)*

Ne fais pas que…

Anabé *(la retenant à grand-peine, revient à la charge)*

Mais Otetek, tu sais bien que de toutes les façons avec nos méthodes d'analyse, nous n'avons absolument pas besoin du sang des clients !

Onendzug

En plus ils ne se doutent pas de ce qu'on fait avec ! Toi-même Otetek est-ce que tu sais ce que ton sang devient quand tu vas faire un examen ?

Otetek *(réfléchissant quand-même un peu)*

Je m'en fous ! Mais je suis sûre que personne à part nous…ou vous…enfin bref ! N'agit ainsi ! Au départ j'étais d'accord parce que je considérais cela comme une plaisanterie, mais quant à me mêler de sorcellerie, excusez-moi ô ! Je ne suis plus là-dedans !

(On entend frapper à la porte ; Otetek se lève en vitesse)

Otetek

D'ailleurs, ça ne vaut même plus la peine d'en discuter, voilà Roland !

(Entre alors l'étudiant au langage précieux du second acte ; il entraîne Otetek en fusillant les autres du regard)

Onendzug

Otetek, tu ne veux pas réfléchir un peu ?

Otetek

C'est tout réfléchi, salut !

Anabé *(caustique)*

Invitez-nous quand-même à votre mariage ; après tout, c'est grâce au laboratoire que vous êtes ensemble non ?

Roland

Monsieur je vous prierais de ne plus importuner ma future épouse : car oui, vous avez raison, nous célébrerons bientôt notre mariage !

Otetek *(ébahie)*

C'est vrai, Roland? Tu te décides enfin? Depuis deux ans?

Roland

Oui, ma chérie ; maintenant que tu quittes cette bande de canailles, je puis désormais lier sans crainte mon destin au tien.

Otetek *(narguant les autres)*

Owouo ! Je serai bientôt Madame Tobassi ! *(Au public)* :

A quelque chose malheur est bon ! Roland partons!

(Ils s'en vont ; Roland fait soudain volte-face)

Roland
Ah ! Une dernière précision : vous n'aurez PAS d'invitation !

(Anabé lui fait un geste grossier tandis qu'Onendzug, abattu, les regarde partir en secouant la tête)

Onendzug
Fiuuu ! Ca commence mal hein ! Et si Otetek avait raison ?

Anabé
Hun hun, Onendzug, tu embêtes! Otetek n'a PAS raison! Et puis, cessons de parler d'elle et de son… imbécile de con de stupide de futur mari ! Un pauvre étudiant en philosophie : ça ne gagne même pas d'argent ! Mettons-nous aux résultats, dis-donc ! Vous connaissez la méthode, chacun prend une pile et travaille de son côté, nous irons plus vite.

(Ils s'attellent à la tâche ; Scholastique ayant soudain l'air décontenancé, Anabé lui jette un regard soupçonneux)

Anabé
Hum ! Qu'est-ce que tu gribouilles là, toi ?

Scholastique

Heu, je ne comprends plus rien

Anabé
A quoi ? Lis-moi un peu ce que tu as écrit voir…

Scholastique
Onana….groupe O *(Anabé approuve : bien !)*
Atangana…groupe A *(Anabé dit : très bien !)*
Tientcheu…c'est donc ça qui m'embrouille : je le mets dans quel groupe ?

(Regards inquiets de tous, puis)

Onendzug
Regarde un peu à « village ! » Il est d'où ?

Scholastique *(regardant)*
De Bafang…

Anabé et Onendzug *(avec évidence)*
Groupe B !

Scholastique
J'ai aussi des problèmes au niveau de Kiakeu, un religieux…On dit que c'est quel groupe sanguin, ça ?

(Conciliabule entre les deux hommes, qui semblent trouver une solution)

Anabé et Onendzug
Groupe AB !

Scholastique
Ah bon ?!

Anabé
Oui, parce qu'un AB est un religieux...

(Ils éclatent de rire ; on entend frapper, et une très jolie fille fait son entrée. Sifflements admiratifs des garçons. Anabé se précipite, faisant discrètement signe aux deux autres de s'éclipser)

Anabé *(resté seul avec la fille)*
Oui? Je suis à votre service mademoiselle, ENTIEREMENT à votre service...

La belle fille
Merci docteur : je voudrais connaître mon groupe sanguin.

Anabé
Pas de problème, je vais vous faire un préserv...un prélèvement. Remplissez tout d'abord ceci.

(Il lui passe une fiche ; elle s'exécute sous le regard concupiscent du bonhomme. Il récupère la fiche, tâte les bras, décrète qu'il n'y a aucune chance de trouver un point de piqûre, fait glisser sa main lentement, tâte cheveux, visage, effectue le même manège sur les jambes de la fille de plus en plus gênée.)

Anabé
Je m'appelle Clotaire. *(Au public)* C'est mon nom, non ?

La belle fille
Ah bon ?

Anabé
Oui ; vous savez, je ne vois sur votre extérieur aucune possibilité de piqûre : vous allez devoir vous déshabiller.

La belle fille
Quoi !

Anabé
Oui, nous allons chercher un endroit beaucoup plus charnu, avec des veines beaucoup plus apparentes…

(Ce faisant il commence de lui tâter les seins, tout en déboutonnant son chemisier)

La belle fille
Que faites-vous ? Lâchez-moi !

Anabé *(sans lâcher prise)*
Chérie tu sais, si tu es sage, tu auras ton test gratuitement et après je serai très généreux avec toi…

(La fille cherchant à s'enfuir, Anabé la plaque au sol après l'avoir taclée lâchement ; il veut l'embrasser de force)

La belle fille *(se démenant comme une diablesse)*
Lâchez-moi ! Vous êtes fou ! Je vais dire à mon père : il est colonel ! Et mon oncle est général ! Le mari de ma cousine est commandant ! Je vais dire à mon grand-frère qui est

capitaine !

(Pendant ce temps, Anabé n'en a cure, mais la sonnerie soudaine du téléphone le distrait et la belle fille en profite pour détaler)

Anabé

Va même !Idiote va !RRRR ! D'habitude ça marche toujours ! Foutue journée ! Ca a commencé avec Otetek et sa malchance ! *(Reprenant son souffle)* Allô ? Hein, ah ! C'est toi, Symphorien ? Aka pepa tam te me dzoge me si ki mintag…que quoi ? Qui ? Quand ? Comment ? Héyékeye ! Oui, j'appelle Onendzug…*(Il raccroche)* Onendzug ! Onendzug ! Gastoooooon !

Onendzug *(du fond du laboratoire)*

Ouais ouais tu as besoin de secours pour draguer la petite ?

Anabé

Amène toi, JE t'appelle !

Onendzug *(rapplique avec un énorme sandwich)*

Hein ?! Elles est où ?

Anabé

L'heure est grave. Mvu vient de m'appeler : Mekali et Bensia sont mortes !

Onendzug

C'est encore qui celles-là ?

Anabé *(presque hystérique)*

Tu ne te souviens pas des deux cacaos qu'on avait rencontrées depuis depuis au chantier chez Marie-Josée ?

Onendzug *(frôlant l'indifférence)*

Je ne sais pas si je m'en souviens hein ! Qu'est-ce qu'elles avaient de particulier ?

Anabé

Tu le fais exprès ou quoi ? Tu ne te souviens pas comment on avait avalé des « scuds », et qu'on avait pris notre pied sans chaussette ?

Onendzug *(traduisant)*

…qu'on s'était mis au lit sans préservatifs ! Aaah, oui, je me souviens déjà ! Mais calme-toi, est-ce que c'est la guerre !

Anabé

Oui c'est la guerre ! Parce que, je te signale, qu'elles sont mortes du SIDA !

Onendzug *(après un petit flottement)*

Et si elles sont mortes du SIDA, en quoi ça nous concerne ?

Anabé *(Les yeux ronds)*

Non ! Tu…tu ne sais pas qu'on peut être contaminés nous-mêmes ?!?!

Onendzug

Pourquoi ? Est-ce que ça s'attrape comme ça ?

Anabé *(abasourdi)*

Onendzug, tu ne vas pas me faire croire que tu ne sais pas que le SIDA s'attrape par le SEXE!

Onendzug

Tu ne m'avais jamais dit ça ! En plus, quand on s'est croisés au labo Gombo, tu disais que si tu étais sidéen, ce serait à cause d'un voisin non ?

Anabé *(lui cognant dessus)*

Imbécile ! Je faisais l'ignare pour tromper les autres, et je croyais que c'était aussi le cas pour toi ! *(Il l'attrape brusquement, les yeux fous)* Le SIDA se transmet par le sang et le sexe, rien que par le sang et le sexe, le sang contaminé et le sexe non protégé, voilà !

(Il le jette par terre. La scène s'assombrit, puis un rond de lumière éclaire progressivement Onendzug en plein désarroi)

Onendzug

Wooooye ! Ma mère ! Je ne savais pas que le sexe attrapait le SIDA ! Qui m'avait dit de ne pas mettre de préservatifs ? Moi je croyais que les condoms c'était pour se protéger seulement de la chaude-pisse ! Woooye !

(La lumière éclaire de nouveau toute la scène ; Anabé est immobile, dans un état visible de tension qu'il s'efforce de maîtriser)

Anabé

Arrête de pleurer comme un mioche ! Tout n'est peut-être

pas perdu, il faut qu'on aille faire un test !

Onendzug

Héééé ! Quand je pense que nous avons un laboratoire !

Anabé

Ne m'énerve pas hein ? Et puis cesse de te plaindre comme une omelette ! On va aller dans un vrai labo, un point c'est tout !

(Ils se dirigent vers la sortie ; Onendzug s'arrête soudain et se tourne vers le public)

Onendzug

Mais…là où on s'en va là…est-ce qu'on ne risque pas de tomber sur d'autres « nous-mêmes » ?

Musique de balafon et de flûte, noir.

FIN

Glossaire des termes utilisés

Ahang *(p.12)* : expression courante pour marquer l'évidence, l'épiphanie, la satisfaction, l'approbation, l'appreciation

Anghaaang *(p.30)* : cf "Ahang". L'interjection dénote aussi le sarcasme dans certains contextes

Anabé (*p.16 et suivantes)* : condensé de la phrase Béti (langue du Sud-Cameroun) " a ne abé" signifiant qu'un individu " est méchant, fait de mauvaises choses…"

Aka *(p20)* : interjection du langage Sud-camerounais qui dénote l'exaspération, le rejet ou la déception

"Aka pepa tam te me dzoge me si ki mintag" *(p.57)* : litt : " O, mon frère/mon ami, laisse-moi tranquille, je ne suis pas content"

Assiuuu… haaa! *(p.20)* : interjection du contentement, du régal, qui reproduit le mouvement de succion ou d'aspiration d'un mets savoureux

Arki *(p.20)* : alcool obtenu a partir de la distillation du moûlt de mais, ou de manioc, et parfois de vin de palme ou de banane

Arouaaaang *(p19)* : onomatopée qui décrit le bruit d'un moteur en marche

Bok! *(p.21)* : interjection du Béti (langue du Sud-Cameroun), qui signifie "J'ai trouvé!"

Domba *(p.20)* : préparation culinaire traditionnelle Beti, décrivant un mets de viande ou poisson cuit à l'étouffée dans des feuilles de bananiers, comprenant obligatoirement l'aromate " messep" (voir ce mot), et divers autres ingrédients

Ecorce *(P34, 42)* : selon le contexte, "avoir une écorce' indique que l'on est quasi invincible, investi du pouvoir qu'en conférerait l' onction ou l' ingestion. Certains arbres bien spécifiques de la forêt équatoriale en sont les pourvoyeurs

Eké *(p23)* : expression d'agacement, d'ennui, de surprise. Cf aussi "Ekié"

Essimo *(p.15)* : Cri de triomphe, dans certaines langues du Centre et Littoral camerounais

Ekié *(pp.9, 11,13 21,23,25,28 , 40, 47)* : Interjection fort courante au Cameroun, exprimant selon le contexte la surprise, l énervement, l exaspération ou même la désolation. La prononciation, l'intonation et la longueur de chaque syllabe varient largement selon l'émotion a exprimer

Hawaaaang *(p37)*: interjection décrivant une brûlure, une piqûre ou encore un effet d' élévation (la température d'un malade peut ainsi monter "hawaaaang", de même qu'un avion au décollage "hawaaang" ou une voiture passant a vive allure "hawaaaang"

Hééé *(p.60)* : expression très courante qui véhicule la sympathie ou exprime la désolation

Hékékékélé kéléééé *(p.20)* : expression d'effroi, de stupeur

Heye *(p.19)* : cf "Eké" ; les deux interjection sont souvent associées, donnant ainsi " Héyéke!"

Iiiiich *(p.50)* : expression courante de dégoût

Iki *(p.35)* : interjection Béti pouvant exprimer la réprobation ou l'émerveillement (de manière sarcastique tout aussi bien) . Peut se remplacer par "Akié!". La longueur des syllabes est variable lors de la prononciation

Mami Wata *(p.46)* : du pidgin anglais "mammy" (mother, maman) et "wata" (pour "water"-eau) Mami Wata est un personage mythique, esprit de l'eau vénéré et craints des peuples subsahariens et de la diaspora africaine. Elle s'apparenterait physiquement a une sirene, elle vivrait dans les grands espaces aquatiques et serait dotée de pouvoirs exceptionnels

Messep *(p20)*: nom latin *ocimum sanctum*, plante de la famille du basilic, dont l'arôme en fait un ingrédient de choix, notamment dans le "Domba" où son ajout est obligatoire

Mvu (p.57) : nom du chien en langage Béti du Sud Cameroun

Nde *(p19.)* mot signifiant "voilà" , "voilà donc", "par conséquent" en langue Béti du Sud-Cameroun

Ndzaaa (p.12) : exclamation Béti sud cameroun, qui s'ecrit " Dzé aa?" signifiant " Quoi?" " Comment? " "Qu'arrive-t-il?". Le hiatus " Dzaaa", précédé par "hein?" a entraîné pour certains le "Ndzaaa" de notre personage

Ntouba (p.20) : specialité Beti et Bulu du Sud-Cameroun : les doigts de bananes plantains sont épluchés, cuits à l'eau et finalement malaxés (de préférence à froid) dans un mortier et un pilon de bois

Onendzug *(pp.17 et suivantes)* condensé de la phrase Béti (langage du Sud-Cameroun) " o ne ndzug" signifiant " tu es pénible, tu causes beaucoup de soucis, d'ennuis"

Otetek *(pp.21 et suivantes)* : en Béti, langue du Sud-Cameroun, mot signifiant " doucement, lentement"

Osun *(p.30)* : Nom Béti du Taon, insecte agent vecteur de la loase, une filariose

Oukoukouloukoulouououououououou *(p45)* : onomatopee exprimant l'émerveillement, l'abondance

Ooowé *(p.41)* : le mot Béti (langue du Sud-Cameroun) "owé", signifie "oui", "d'accord" ; les syllables se prononcent avec des longueurs variables selon le degré d'approbation que l'on veut exprimer

Owouo *(p53.)* : exclamation de triomphe

Pâââpa! *(pp. 16,18,19,34,41)* : au Cameroun, terme affectif adressé aux amis ou a soi-même, de manière exclamative ou interrogative ; la longueur dans la prononciation des syllabes est variable. Ce mot est différent de "Papa" (Père), qui s'adresse aux aînés masculins

"Sanga" *(pp.13, 34,42,43):* Mets traditionnel des régions du Sud-Cameroun, réalisé avec des feuilles de zóm *(solanum nigrum),* des grains tendres de mais, et de l'esúk (jus filtré de la pulpe pilée de noix de palme)

Scuds *(p.58)* : missiles tactiques developpes par l'union sovietique pendant la guerre froide et largement exportes dans le tiers monde. Au Cameroun, le terme fut plus tard utilize pour decrier les boissons alcoolisees, responsables de degats considerable sur les consommateurs

Tage , Ma yeb kig mam nala *(p.18)* , en langue Béti du Sud-Cameroun, signifie " Non, je ne suis pas d'accord avec cela" ou "Non je n'accepte pas ca…"

"Tam te bi dzou, ah Otetek!" : *(p.24)* " Laisse-nous tranquilles, Otetek", langue Béti du Sud-Cameroun

Tobassi *(p.53)* : le nom " Tobassi" provenant de l'imperatif " *tobo a si",* (*" assieds toi par terre"* en divers langages du Centre et Sud camerounais), est une supposée méthode d'envoûtement permettant d'exercer un pouvoir considérable sur autrui. Dans le cadre d'une relation amoureuse, le Tobassi assurerait l'asservissement total du "Tobassie" par le "Tobassieur" (en general une "Tobassieuse"). Le charme, ou gri-gri, est censé être ingéré au cours d'un excellent repas…

Yaaa *(p.38)* : abréviation de l'Allemand *"Yawhol!",* qui exprime l'approbation ; se dit aussi "Yawaa", déformation du terme d'origine

Yéééé *(p.46)* exprime selon le contexte la surprise, l'émerveillement ; l'étirement de la voyelle peut durer à l'infini

Youu *(p.39):* youyou d'allégresse

Waya! *(p.47)* : cri de guerre , expression de menace

Wèèèh *(pp.15,20)* interjection de désolation, d'empathie

Fly Over the Crooks' Crooked Nest

A Play by Mercédès Fouda

The stage setting is a waiting room: a counter, in a corner, a few binders on top of it; signs are hanging from the wall and a table is set up at the forefront. Some people are waiting, showing signs of impatience.

A nurse comes in.

(It is important to note that at the beginning of the play, all of the actors except the nurse are in the audience).

Nurse (*aggressively*)
If you came to do the test, add $2:00 for a syringe.

(Bothered grumbling in the audience)

First customer
Jeez! Why? Didn't we pay enough already?

Nurse
What you paid is for a 5ml blood sample, and the analysis; for safety, each one must have their own syringe to be injected with; we are selling some here, this way you don't have to go somewhere else to obtain the syringes.

Come, hurry, gimme your $2:00!

First customer *(suspicious)*
Hum! It's not written anywhere! Won't that be to buy you a new nail polish...?

Second customer *(joking)*
Ma'am, as far as I am concerned subtract the cost of the syringe from the cost of the analysis, and take only 4ml of blood!

(Mocking laughter from the other clients; the nurse sizes up everyone with a terrifying look)

Nurse
Okay, you know what? This is your cup of tea. We'll inject you with the same needle and if you catch something, you'll only have yourselves to blame!

(She exits)

First Customer
Jeez! What a bunch of lies, she tried to screw us over!

Third Customer *(mimicking the nurse)*
Blah blah blah bleh beh d'oh! What does she mean, "Catch something"? In a laboratory? Bitch!

Second Customer
Hey! So, right now, you don't know that one can be contaminated in sanitary locations as well? When you walk out of the hospital, you' don't know whether or not you caught some weird virus... Imagine then in a lab like this one.

Third Customer *(jumping startlingly)*
Wow wow wow wow wow wow! In this case, I'm out of here, yo! She's walking around, probably carrying AIDS from all of her customers: there is no way she's gonna touch me!

First Customer
Duuude, chill!! Be logical for a moment! How can she have ALL OF THE AIDS from her customers... on her?

Third Customer

I mean...! If the viruses JUMPED while she was doing the samples...?

First Customer

Noooo, no no no! You don't catch AIDS like that! *(The sound of footsteps interrupts them; a doctor and the nurse from earlier on enter)* **Anyways!**

If we had the time, I would have explained lots of things...

Doctor

Good morning, good morning...

Customers

Good morning sir, good morning doctor...!

Doctor

May you excuse us for a moment, please: our machines need a few more minutes to start up; meanwhile I'll let you have a bit of entertainment, huh?

(They pass candy, newspapers and condoms around).

Fourth Customer

Aha! That's a real dude, nice and polite... Not like that other bitch...!

Third Customer

Yep! Guys like that; you KNOW they can't even have AIDS!

First Customer

Why? You think you can tell just by looking?

Fourth Customer

Still... he's too handsome to have AIDS.

First Customer

Well... if we have to use beauty and cleanliness as a basis, then there's no need to do a test; 'cause *(pointing at third customer)* YOU, given your demeanor, you should certainly have AIDS.

Third Customer *(furious, jumps on the first)*

What the fliiip! Oh, so it's me, huh? I have AIDS, I have AIDS! And what about yourself! What are you doing here if you're so sure you don't have it? HUH?

First Customer

Well, me... I'm not anybody! It's a big corporation that's gonna employ me soon. They asked for this test in addition to my file, that's it!

Third Customer *(suspicious and dubious)*

Yeah! Yeah!

First Customer

And still, if I had it-which is completely not the case, anyways!-I'm pretty sure it's one of my jealous co-workers, who passed it onto me...

Third Customer

Hum hum! So, right now, you don't even know nothing!

But I AM the one you're pointing at! When the only reason I'm here is because I'm trying to prove to my wife that she shouldn't suspect I caught AIDS while washing the dog. *(Thinking for a moment and talking to himself)* But if I have it anyways, it's probably my mother in-law who mixed it with the fried chicken-sweet potatoes she cooked for us last week.

Fourth Customer
Bro. What do you think we're here for? I have to babysit my sister's babies and she wants to make sure I won't contaminate them when feeding them; but clearly a guy like me can't even have a germ on. *(TILT!)* Unless... that one old dude in the bus earlier, coughing like ... Damn! Well, I know where he lives, right? If they find out that I have got AIDS, I'm just gonna go catch him and *(miming breaking neck)* crrr aagnac!

Third Customer
YEEEP! Same here! If I have some crap, I'm gonna whoop my mom-in-law's big wild fat ass... *(He remains silent, frowned, looking moody, before declaring with serious tone)*: **then, I will go get my wife.**

(Other customers look stupefied)

Third Customer
Yes! Because she could have watched over the food her mom was cooking...

(Everyone starts shouting their own crazy hypothesis, creating a huge raucous)

First Customer *(louder than everyone else)*
If I happen to have AIDS, I will make sure I contaminate as many persons as possible...

(All others look horrified)

(Customers are called up one by one for the sampling; they disappear behind a curtain and come back; the first customer, called up last, comes out with the doctor by his side).

Doctor
Well, you all should be getting the results by Thursday afternoon.

Customers
Yes doctor, thanks a lot doctor.

Doctor
Well in the meantime, don't start getting too worried.

First Customer *(laughing up his sleeve)*
No, hanhanhain...there is no reason to be worried, sir... No reason at all.

Doctor
Well see you Thursday then.

Customers
See you Thursday, sir.

(Drums playing while everybody exits)

Same set as previously; the first customer enters and waits; comes in the second customer, who recognizes him and goes to shake his hand.

Second Customer
Hey, bro! Here you are again! What's up?

First Customer
Eh, hanging on... what else are we gonna do. This world only wants to kill us *(Pause)*. So there we are for the results huh?

Second Customer
Waaaah, don't talk to me about it! I haven't slept for two days. I really don't know what I'm gonna do if I have the...

(A huge shout, "Yeaaah, touch doooown!" interrupts him, while the third customer brandishes a sheet of paper from the end of the laboratory. He moves toward the exit, and recognizes the first customer.)

Third Customer *(talking to the first customer)*
Homeboy! Didn't you tell me the other day that I would be "zero-positive"? Well, there I'm, "zero-negative"! Waiting on your turn, buddy!

Second Customer
Dude! I can't believe you're not over it already... He was joking, right bro? Just run and tell your wife the news!

First Customer
Yeah! At least now we're sure your mother in-law will stay

alive.

Third Customer
She's lucky for now! But I'll still find a good excuse to wipe her out anyways.

(He exits; the two others remain alone for a moment, then the doctor appears)

Doctor
Mr. Gabson...aka Best Bad Boy (?!)...who is it?

First Customer *(shaking while grabbing the envelope the doctor hands him)*
This is me, sir.

Doctor *(winking)*
Congratulations!

Best Bad Boy
Huh ? So...

Doctor
Shuuush! I shouldn't tell you, but you are HIV negative.

Best Bad Boy
Thanks a lot, doctor!

Doctor
Mr. D'Moorown...aka... "The Moron"!?

Third Customer *(showing signs of apprehension)*

Here I am...

Doctor
Congrats as well.

D'Moorown
Thanks! Phew, thanks a lot, doctor! I really don't know what I would have done if I had AIDS...

(The doctor turns and leaves but Best Bad Boy grabs him)

Best Bad Boy
By the way doctor, are you sure... that other guy from earlier... HE didn't have AIDS?

Doctor *(frowning)*
Sir, you do not intend to teach me my job, do you?

Best Bad Boy
No, but he sure looked like...

Doctor
Looked like, looked like... And what do I look like? A priest? If I tell you the guy doesn't have AIDS, do not discuss my diagnostic! Mind your own spicy wings and leave the world alone!

(He exits, angry)

THE TWO GUYS ARE OUTSIDE

Best Bad Boy

How can he tell me that the UGLY guy didn't have AIDS. I can't even BEGIN to agree with that!

D'Moorown

Dude, just let it go! He told you the tests were *(mimicking the third customer)* zero-negative"!

Best Bad Boy

Hmm hmm, nooo waay!. A dirty-looking guy like this one would not not have AIDS? That doctor was wrong!

D'Moorown

But the tests!

Best Bad Boy

Exactly! What tests! Where were they made? When? How? Tell me yourself; all this time you were in this lab, did you even see... just ONE machine!?

D'Moorown (*realizing*)

Hey! Actually no!

Best Bad Boy

Hum hum! See? You didn't see anything. Don't forget that some of these people can be crooks! Here they are with their labs here, and... medical analysis there... What exactly proves that they're qualified and have the proper material? Look! They make you wait in a room, grab your blood, disappear in a hallway and bam! They come back and declare... that you don't have AIDS!

D'Moorown

Maaaaan! It's true, in this lab there wasn't even a tiny machine noise « arouaaang »!

Best Bad Boy

Hm hm ! So you start getting it! Now imagine if a doctor is completely phoney, okay? He doesn't have the machines or anything, he takes your blood just for fun, and depending on his whims and caprices he gives you results: this is how he's screwing people up...

D'Moorown *(convinced)*

This is so true! He made us negative today because he was happy: his wife must have cooked him some real BBQ ribs...

Best Bad Boy *(daydreaming)*

Spicy pork ribs and pinto beans, with sautéed green kale aside...huuum...haaa! That puts you in a freaking good mood!

D'Moorown

But okay, wait! If he didn't USE our blood, what did he do with it then?

Best Bad Boy

Are you kidding? He might have sold it to vampires!

D'Moorown

What the fliiiip! My blood! To vampires! People are so dishonest! And this is how the guy makes tons of money, when in reality he's worthless!

Best Bad Boy

You can't imagine how some crooks can take advantage of naive folks!

D'Moorown

Whaa, brother! What could I do to become like that! Filthy rich, buried under pretty girls and drinking some good stuff every day! That's my dream!

Best Bad Boy *(smiling greedily)*

And who told you you couldn't do it, huh?

D'Moorown

But how, dude?

Best Bad Boy

How, how? When we were talking about the doctor earlier on, we imagined that he did HOW?

(They look at each other for a moment; D'Moorown finally seems to understand, then they shake hands screaming)

Bok! Smart is the rabbit!
Bok! Two rabbits are smarter than one!
Money is within our reach!

(Drums playing while they exit)

Laboratory; a young girl in a white scrub enters singing, and tidies up her desk. Comes in Best Bad Boy, sporting a white scrub as well and a stethoscope; he walks up to the girl and grabs her buttocks.

Best Bad Boy
How are ya, Tee Kissy?

Tee Kissy (it's the nurse from the first scene)
Back off, you jerk!

Best Bad Boy
Ekiééé, Tee Kissy! Be nice a bit!! Why are you so harsh with me?

Tee Kissy *(caressing her legs)*
Harsh? With you? My flesh is still very tender though...

Best Bad Boy
Héé, Tee Kissy! If your heart could be that tender toward me...

Tee Kissy
Keep dreaming in technicolor, jerk!

Best Bad Boy
Ooh, you too...

Tee Kissy
Me too what? I didn't come here so that you can explore my pretty booty, as far as I know! When you pulled me out of the other lab, was it for me to work, or to satisfy your perverted desires?

Best Bad Boy

Well, why not both? We can combine useful and pleasant!

Tee Kissy

Well, we'd rather stick to the useful, a.k.a make some money, before I become unpleasant with you...

(D'Moorown comes out, wearing a white scrub and a stethoscope as well)

D'Moorown

Ekié ékié ékié ! You two, always fighting! Listen. We are here to make bucks, bucks, and nothing but bucks! With our 3 little brains I think we can make it! You, Tee Kissy, your boss at the Gumbo Lab wasn't paying you anymore, so you should be most motivated!

Tee Kissy

That's exactly what I'm killing myself trying to explain...

(Knock on the door interrupts them, they stand calm and quiet as if nothing had happened; an old man comes in)

Old Man

Hi everyone

The three others

Hiii, siiiiiiiiiiir!

Tee Kissy

Oh, hi! What can we do for you?

Old Man
Well! Don't you do tests for AIDS?

Tee Kissy
Yes, yes! We do. Do you wanna do it?

Old Man
Yes, no? Do you think I came here to buy garlic?

Best Bad Boy
No, sir, of course! She just wanted to know if you'd want to do a test right now or just get some information.

Old Man
Hmm, hmm! How much is a test?

Tee Kissy *(thoughtlessly)*
It depends! How much do you have in your...

Best Bad Boy
Hey, shuush! Leave us alone, stupid cow! *(To the old man)*: Sir, forget it! You know, women, with their mouths, blah blah. Just give us whatever you have; we'll do the test for you. *(While the old man is looking in his pockets, D'Moorown runs towards Tee Kissy)*:

D'Moorown
It's our first customer; take it easy, Tee Kissy!

Old Man

I don't know if it will be enough, you know... I only have... 200 bucks on me.

Best Bad Boy

200 bucks? *(Rushes towards the old man with his hand out)* Give it to me! I mean, erm... sir, it's just because it's you that we do this special price today...

(The old man pays, Best Bad Boy and D'Moorown walk to the exit)

D'Moorown

Sir, Tee Kissy is going to do your sampling. Meanwhile we are going to get the...engines...machines...or whatever heated up.

(The old man and Tee Kissy are alone; she finds a needle and alcohol, pulls the old man's sleeves, but he holds out the other arm)

Old Man

Lady, here, I'd rather you do it on the left arm.

Tee Kissy

And why so?

Old Man

Because at work they call me "the boss's right arm". Now, if your needle damages this right arm, do you think it'd sound cool to be called "the boss's LEFT arm"?

Tee Kissy
Okay okay, stay calm. I'll do it on the left arm.

(She grabs his arm and starts touching around with her needle)

Old Man *(reluctant)*
Whisker me first.

Tee Kissy
Pardon me?

Old Man
My wife was a very good nurse, and she used to sting me for my asmathism. She always put rubber whiskers around my arm first.

Tee Kissy *(understands at last)*
Aaang, WITHERS! Jeez, what was I thinking!

(She rummages in the drawers and, realizing that she doesn't have withers, takes advantage of the old man's distraction to take the elastic band off of her hair and rolls it around his arm; she rapidly puts the needle in his flesh like she's stealing his blood)

Old Man
Ouch, be careful! What are you doing!

Tee Kissy
I just did an extra-venous sting.

Old Man

Extra-venous? What is that again?

Tee Kissy

I stung you out of the veins, in order not to damage them. Hence the term: extra-venous.

Old Man

Well I would rather say you're extraordinarily extravagant!

Tee Kissy

Not as much as you anyways....

Old man *(irritated)*

Well, you're incompetent!

Tee Kissy

Incompetent, me? *(She draws closer, threatening him with the needle)* I'm just a little bit tired, that's it!

Old Man *(falling back, scared and mellow)*

Oh... I understand, it happened to my wife a lot too. So, when can I have those results?

Tee Kissy

Later on, let's say this afternoon.

Old Man

That's great, that way I can go for a little walk. See you.

(The old man exits; Best Bad Boy and D'Moorown rush in)

Best Bad Boy and D'Moorown
So, Tee Kissy, how did it go?

Tee Kissy
Pff ! This man is something else! Annoying, loud, fussy....Urgh!!!

Best Bad Boy
Well, I personally think he's a-ma-zing! To cash out 200 bucks without a question, when elsewhere a test is barely 30$... I think it's worthy of praise!

D'Moorown
I love him so as well! And I declare him HIV- negative!

Tee Kissy
Whoa, why?

Best Bad Boy
Because he just paid 200 dollars! We're not mean enough to give him AIDS, are we?

D'Moorown
Ekié, calm down, this is not a war! *(To Best Bad Boy)*: since he annoyed Tee Kissy a little, let's give him just a tiiiiiiiiiiiiiny bit of AIDS, like, that big.

Best Bad Boy
No! It would be dishonest!

Tee Kissy
Well well, look at you, Mr. I Have Scruples! You just

extorted him 200 dollars, you wanna call that honest?

Best Bad Boy
Tee Kissy! Sit down behind that stupid machine, and type: this old man does NOT HAVE AIDS!

(He grabs her waist and pushes her behind the desk; she struggles a bit and manages to strike his face; the voice of a customer, having sneaked in, is being heard at the same instant; he is clean cut and well dressed)

Ronald
Hey, hey! Calm down! How do you want us clients to trust you, if you squabble among each other?

Best Bad Boy and Tee Kissy
Squabble? You mean fighting?

Ronald
Mmyes. You, were resorting to rather disgraceful gestures towards that gentleman-- or dare I say Doctor.

Tee Kissy
Oh, no you're way off, I mean, WAY OFF my dear sir. I was only- believe it or not- killing an insect that was resting on the cheek of my...

Ronald *(doubtful)*
Anghaaang! I see that! But um...what type of insect, if I may ask?

(Tee Kissy taken by surprise turns around to the

others, who whisper something. She repeats)

Tee Kissy
An... a erm, horsefly?

Ronald
A horsefly!? What in heaven can a horsefly be doing in a laboratory, in such a big city? If I'm not mistaken, I do remember that it's a red fly, vector agent of a parasite disease... and that we only find in remote tropical villages. Am I wrong?

Best Bad Boy
Come on guy, break it off! Are you a detective or a potential customer?

Ronald
Don't take it on that tone of voice, sir! I'm a potential customer, if I understand your question.

Best Bad Boy
You understood perfectly, let's cut to the chase; *(mimicking Ronald):* would you rather have your test... *(back to normal):* all right, your test, now or what?!

Ronald
I would most surely enjoy that, but I'm afraid I'm quite short-handed financially.

Best Bad Boy
WHICH MEANS!!

Ronald

As I've heard, this sort of medical exams is much costly. However, as a poor law student, I only have a meager 75 dollars...

Tee Kissy

Give it. Here. Here. Give it...

Best Bad Boy

Would you shut your mouth a little! I am the boss here! *(to Ronald)* Add 15 bucks and I'll do it.

Ronald

But I assure you...

Best Bad Boy

Add 15 bucks and shut up! We're doing a huge favor because it's you! A test is normally ... 200 bucks!

Ronald

Well. In this case, I consent. Surely not happily, but I consent nonetheless.

(He pays. Best Bad Boy snatches the money and disappears with D'Moorown; Tee Kissy grabs a needle, and rummages on the young man's arm)

Ronald

And what are you doing, milady?

Tee Kissy

I am trying. To find. Your veins.

Ronald *(after another fruitless try from Tee Kissy)*
Well shoot for that blue line on my forearm!
(Tee Kissy acquiesces, distracts the young man and rapidly "steals" his blood)

Ronald
I would think a band aid would be appropriate now, wouldn't it?

(Tee Kissy brings a tiny bit of cotton and a rubber band)

Ronald
Oh, that's it? Oh, okaaay! Thanks a lot, ma'am. When may I come and get the results?

Tee Kissy
Later on today, let's say by 5 o'clock.

Ronald
So quick? I mean, perfect; allow me in the meantime to offer you a drink.

(He drops a bill into her pocket)

Tee Kissy
Oh, thank you honey! You know the real things! Don't worry, you won't have AIDS!

Ronald
Well, how so?

(Tee Kissy tries to make up her blunder by improvising confused comments about the young man's apparent health; the young man finally leaves. Best Bad Boy and D'Moorown come forward, shortening with a smirk the goodbyes of the two. Then enter a young girl and two men)

First Man (Balthazar)
Is this the « Blood for blood » laboratory?

Best Bad Boy
It's even written on the sign right out there.

Second Man (Lazarus)
Can we do a test right now?

Best Bad Boy
Of course! But you have to pay first!

The girl (Juliannah)
And how much is it?

Best Bad Boy
It all depends on whatever YOU have...

Juliannah
Oh, really?

(Best Bad Boy grabs her, pulls her in the bottom of the room where the audience clearly undertands by his gestures that he offers her to let go so that she won't have to pay anything; he then exits with D'Moorown and

Tee Kissy . Juliannah sits down)

Lazarus
Hey, Balth, did you watch the game yesterday?

Balthazar
My wife didn't let me! Urgh! This woman Katalin!

Lazarus
You missed everything! THAT was a game! The "SPIDERS" did real magic! Their number ten, Skip, he kicked the ball like a red bull! No matter how the goalkeeper jumped, the stuff was already in the nets!

Balthazar
This is something else! The "MUSTARD GREENS" were bragging all the way after they won the championship! They didn't know that the "SPIDERS" are the real deal!

Juliannah *(who was showing signs of impatience since the beginning, violently weighs in)*
That doesn't mean anything! The "SPIDERS" won by pure luck! Let's wait for the inter cup okay? We'll see if they don't get ousted during the very first round!

Balthazar *(looking at her with surprise)*
Who is this? You dare talk soccer when men are discussing?

Juliannah
And so? I am a soccer fan too!

Lazarus

What! Your mother didn't tell you to shut your mouth up when men are talking?

Juliannah

Because who's dead!?

Balthazar *(closing in menacingly)*

Your mother didn't teach you...!?

Juliannah

Leave my mother alone, you and your old retarded concepts!

Lazarus

Who are you calling old and retarded! Between me and you, who's more retarded than who? You dare open your mouth when men are talking? I can whoop you right here...

(He goes and tries to kick her, but she throws him to the ground with a karate trick; Best Bad Boy and D'Moorown rush to separate the two wrestlers, each yelling on their own side)

Best Bad Boy

Calm down, calm down hey! What's going on here?

Balthazar

Look at this stupid little tramp! She opens her trap while men are talking soccer!

(He rushes on Juliannah who greets him with a slap)

Best Bad Boy *(taking the girl under his protection)*
Stupid little tramp? Trap? Watch your language, sir!

D'Moorown
This lab is not a boxing ring anyways! Wait to be outside
if you wanna fight!

(Best Bad Boy brings the girl out of the room)

Tee Kissy
Okay, everybody calm down, we're gonna do the
sampling.

*(She takes care of Lazarus; Balthazar keeps dodging
D'Moorown's syringe)*

D'Moorown
What again? What's going on?

Balthazar
Bro, wait, let me explain.

D'Moorown
Explain what!

Balthazar
Lazarus, remember when I was a kid right? I went to the
field with mom to pick up potatoes.
I lifted up the grass, and I just felt something on my hand,
« hawaaaang! » It was a snake! It had bitten me!
I started screaming « woooye mother mother »; I don't
even know how, but she took me to the nearest Hospital.

Man, I was about to die! I had a fever like crazy. Just a little bit like that and I would have joined my grandpa in heaven...

Best Bad Boy **(coming back with the girl)**
Or, in hell...

(Juliannah exits)

Balthazar
Okay, bro, isn't that an old saying which goes: "the hand that has been bitten by a snake is afraid even of the millipede"?

D'Moorown *(doesn't see his point yet)*
Maybe!

Balthazar
Well then you should understand why as soon as I see even a little worm like that coming close...

Best Bad Boy
Okay, okay, we get you! Just say it, you're afraid of needles!

Balthazar
No, don't say I'm scared, it's just that...

Tee Kissy
The hand that has been bitten by a snake is afraid EVEN of the millipede!

Balthazar
Yeaaah! Sister, YOU understand!

Best Bad Boy
What did you think was going to happen when you came here in the first place?

Balthazar
Well, that you could take my saliva or urine... no?

(The three fellows burst into laughter and discuss for a moment).

Best Bad Boy
Okay, we're going to study your case.

(They exit)

Balthazar
Man, Lazarus, I'm screwed! Why did I even go to this nightclub last Wednesday without condoms? Here am I now, about to be stung with a needle...

Lazarus
Calm down, okay? Doctors said they would study your case! Plus, it's useless for you to come get a test now since it is said that it's only three months after a dubious intercourse that they can determine whether or not one is contaminated....

The crooks return

Best Bad Boy
Okay, we're gonna test you like that, without any sampling!

Balthazar
Yes! That's possible!?

Best Bad Boy
Sure! You'll just have to add $100 to the regular price, because this procedure is extremely expensive.

Balthazar
No problem man, as long as the needle doesn't touch me!

Tee Kissy
By the way, the others pay too! *(Pointing):* $105 for you sir, $205 in total for you, and for you ma'am...

Best Bad Boy
No, the payment is all done for her, no problem.

Tee Kissy
AAAh! I see the NATURE of the payment, braaavo!

Lazarus
Ma'm, when can we come get our results?

D'Moorown
This afternoon.

Best Bad Boy

But I'm warning you now, you should open it when you're at home, and ONLY when you're at home!

Balthazar

Pardon me, Doctor, are you sure that... without sampling...

Best Bad Boy

Ekié I' AM the one telling you! Let's just wait for this afternoon and see if you don't get your results!

Balthazar

Thanks a lot, Doctor *(He takes Lazarus to the exit)* Lazy boy, those guys are the best of the best: see, without any sampling they can test you for AIDS. A-MA-ZING!

(The three fellows now)

D'Moorown

Guy? Why did you tell them to read their results only AT HOME?

Best Bad Boy

D'Moorown, you're a moron! Don't you understand that if someone read their results here and finds out they're positive, they can... even stab you? But if they're at home, well of course they'll feel furious and depressed but they'll have time to calm down; and when they-for sure-come back here, it'll be up to us!

D'Moorown

Up to us? About what?

Best Bad Boy

Well, we're gonna sell them some medicine that's supposed to cure them!

D'Moorown

Ooowé! A self-made medication! That's a good plan! *(Pause)* But, why would you wanna give those two guys the AIDS?

Best Bad Boy

You heard them talk didn't you? The "SPIDERS" beat MUSTARD GREEN" blah blah blah! We run for "MUSTARD GREEN" club, don't we? And they support The "SPIDERS"! Automatically: they have AIDS! That's it!

D'Moorown

Exactly!

Best Bad Boy

Furthermore, in order to make our task easier and determine to whom we'll give AIDS, we have to follow the IADC rules.

D'Moorown and Tee Kissy

IADC?

Best Bad Boy

Internal AIDS Determination Criteria: Corporal The Moron! Type!

D'Moorown *(military salute)*
Sir, yes sir!

Best Bad Boy

Article I
We, in charge of the laboratory, have the absolute
authority to ar-bi-tra-rily determine the HIV positivity or
negativity of the customers!

Article 2
Will be declared HIV negative people who, through their
actions, will be seen as nice: those who cash out a lot, those
who provide us with women, AND every woman who
accepts to pay in nature!

Article 3
On the other hand, every mean person, IS HIV
POSITIVE!
All those who don't root for "MUSTARD GREENS"
soccer club: HIV POSITIVE!
Those who don't vote for our candidates: HIV
POSITIVE!

They exit while reciting their decrees.

*CHOREOGRAPHY AND CHANGE OF SETS GO
ON AS AN INTERLUDE. THE CHOREOGRAPHY
SYMBOLIZES THE SUCCESS OF THE CROOKS
THEN THE SNEAKY INFILTRATION OF THE
DISEASE AMONG PERSONS OF EVERY WALK OF
LIFE, AND THE DOWNFALL OF THE DISEASED.*

The set is still the inside of the lab, with some visible improvements; when the scene starts, Tee Kissy sings while tidying up. Best Bad Boy, fat and well-dressed, joins her, sings and tries to give her a kiss. He gets a slap.

Best Bad Boy *(still smiling despite the slap)*
Haaa, long live us 3! That was a won-der-ful idea! We've been doing so well for the past two years! Our net worth has increased by 500%; we have wealthy folks as regular customers... We do home tests, and today...is the opening of our service for the blood type test...

D'Moorown *(came in the meantime, fat and well-dressed as well)*
Me and myself! If someone had told me I would have had a pair of Weston shoes, a Cartier watch and a Lexus parked outside... I wouldn't have believed it!!

Best Bad Boy
And the girls, huh? The prettiest girls in town you slept with because they wanted to be HIV-negative?

(Fat and satisfied laughs, actors make up their own comments; Juliannah appears in a white scrub; D'Moorown leaps on to kiss her. Upon Best Bad Boy's request, she brings some champagne that they drink while loudly displaying their joy and singing)

Song:
Quand je bois du vin clairet, ma tête tourne tourne tourne tourne

96

tourne
Aussi désormais je bois je bois du Champagne
Chantons et buvons, à ce flacon faisons la guerre
Chantons et buvons, mes amis buvons du Champagne

Best Bad Boy
Well, we're gonna start soon; with all our commercials, we should expect a long line of good...

D'Moorown
… spenders! Hahaha! When I think of all those who paid just to be declared "HIV- negative"!

Best Bad Boy *(laughing as well)*
And then they'll say money doesn't buy happiness!

D'Moorown
But it's a pretty good down payment!

(A clock rings)

Best Bad Boy
Okay, here's the hour of truth: will we have as many customers for the blood types as we did for the AIDS?

(D'Moorown goes to open the door; noise and sounds indicate very well that the waiting room outside is packed with crowd)

D'Moorown
Oukoukouloukoulouououououououououououou ! We asked for a success, well success we've been served!

(They gather to peek outside)

Best Bad Boy
If it continues like that, two more years and I'll be able to buy myself seventy-three cars, twenty-one mansions and fourteen condos downtown!

D'Moorown
Yeaah! Let's hope it keeps going that way!

Tee Kissy
Yes, but not for the trash! People think they can litter everywhere they go! Just look at this!

(She exits. A metallic sound is heard almost immediately, and enters a horrible character, all dressed in black, crippling with a terrifying stare)

Best Bad Boy *(backing off)*
WHOA! You, Mami Wata!? But... we were expecting you tomorrow...!

Mami Wata
I had an emergency out of town for my treatments, so I figured I would come earlier!

(D'Moorown quickly sends Juliannah out with some syringes and tubes. Meanwhile, Tee Kissy comes back and, seeing Mami Wata, runs away in disgust)

Mami Wata *(enraged)*

WAYA! This gal is always disrespectful towards me! Doesn't she know I can get mad!

Best Bad Boy *(begging)*
No, aka, Mami Wata, let it go! She's a stupid little tramp!
Mami Wata
Doesn't she know you owe ME your success!

D'Moorown
Ekiée no, Mami don't get angry, calm down!

Mami Wata *(roaring)*
Is she aware that with just one word I can break the spell that attracts your numerous customers?!

Best Bad Boy and D'Moorown
Mami Wata, please!! We'll talk to her, okay? And if she doesn't cooperate, we'll kick her out of here!

Mami Wata *(makes the suspense last, then calms down)*
Okay. Let's just not talk about it anymore. You two should get ready right now?

Best Bad Boy
Of course, Mami Wata! For you, we're always ready!

Mami Wata
Good!! Let's do it!

(The lights go off; a red beam progressively turns on in front of the stage. Mami Wata makes the men kneel

down and recites above their heads incomprehensible incantations, gesticulating in excessive ways. Drawing a fly swapper, she sprinkles the two men with the mixture of a round bottle, and throws some in the direction from which Tee kissy exited)

Mami Wata
Here! Whether you like it or not!

(Lights come back on, showing the stage as if nothing had happened)

Mami Wata
Is it ready?

(D'Moorown rushes outside calling for Juliannah, who comes back holding trays with the tubes and syringes filled with blood; Best Bad Boy grabs one and comes back to Mami Wata)

Best Bad Boy
Mami Wata…Freshly harvest, by the way.

(Mami Wata licks her lips, choose a tube which she tastes and shows her appreciation with growls of satisfaction. The fellows can't hide their disgust. Mami Wata greedily picks up the remaining tubes and syringes that she puts in her purse; before leaving, she turns towards the men)

Mami Wata
Handle the girl! Otherwise, no more customers!

Best Bad Boy and D'Moorown
Don't worry Mami Wata, we're gonna talk to her, and if she's not happy we'll kick her out of here!

(Just when the witch exits, Tee Kissy, angry, leaves her hideout)

Tee Kissy *(furious, picking up her stuff)*
Don't bother; I'll leave on my own!

Best Bad Boy
Take it easy, Tee Kissy girl...

Tee Kissy
You, Mr. Vampire/Wizard Apprentice, leave me alone! All of you, leave me alone! This is my last day in this damned lab, with your schemes, your bluffs, your... bitches! *(turns towards Juliannah and slaps her)*, and your she-devil who claims to have a spell that attracts the customers! *(She shouts, breaks everything while the boys try to reason with her; she grabs the phone)*
Hello, Ronald, yes, it's me. Please, come pick me up, quickly... it's horrible, it's... terrible, I can't stay here anymore. Just RUN HERE, please!

(She goes lying down in a corner; the two men try coming close)

Tee Kissy
Don't touch me! IIIICCCCHHH! You guys are monsters! How can you deal with this vampire!

Best Bad Boy

Come on Tee Kissy don't be stupid! You know that we are what we are today thanks to this woman; she's powerful!

Tee Kissy

Bullshit! She's been screwing you over and feeding you lies! Weren't we doing fine a year ago without her, just using our schemes?!

D'Moorown (*shyly*)

Yes, but it wasn't enough...

Tee Kissy

What wasn't enough, huh? We had tons of cash, peace of mind – almost, since we weren't REALLY hurting people! Now, just because "it's not enough" we have to become criminals by giving the blood of innocent folks to such a scumbag!

(The boys are speechless)

Tee Kissy

Anyways, I am a Christian. If God sees that we give to such assholes the blood of his children...

Juliannah (*ironically interrupting her*)

Yeah, but when we drink Jesus' blood at church, God doesn't react.

Tee Kissy (*outraged, runs towards Juliannah*)

Don't tease me...

Best Bad Boy *(holding her back the best he can)*

But, Kissy girl, you know that with our way, we don't even need people's blood!

D'Moorown

And they have no idea what we are doing with it! You yourself, do you know what happens to your blood when you go for a test?

Tee Kissy *(thinking a bit)*

I don't care! But I'm pretty sure nobody except us... or you... whatever! Acts like that! At first I was okay with it because I saw it as a joke, but now that it has come to witchcraft and vampires... NOPE! I'm not into that!

(A knock on the door, Tee Kissy jumps up quickly)

Tee Kissy

It doesn't matter anymore, here's Ronald!

(The fanciful student from the second act comes in; he holds Tee Kissy and looks at the others with a deadly stare)

D'Moorown

Tee Kissy, think about it for a moment?

Tee Kissy

I'm done thinking, bye!

Best Bad Boy *(sarcastic)*

Well, you could still invite us to your wedding... I mean

after all you're together thanks to the lab, right?

Ronald

Sir, I would appreciate for you not to bother her anymore: because yes, you are right, we will soon be married!

Tee Kissy *(awestruck)*

Is that true Ronald? You finally made a decision? After two years?

Ronald

Yes, darling; now that you're leaving this bunch of crooks, I can without worry unite my destiny to yours.

Tee Kissy *(nagging everyone)*

Owouo! I'll soon be Mrs. Tobassi *(to the audience)* things always happen for a reason! Ronald, let's go!

(They leave; Ronald suddenly turns around)

Ronald

Ah! Let me just make one point clear: YOU AIN'T GONNA BE INVITED!

(They exit; Best Bad Boy grins while D'Moorown looks at them sadly)

D'Moorown

Phew! Bad way to start it off, huh! What if she's right?

Best Bad Boy

Hey, D'Moorown, you're a moron! Tee Kissy is NOT

right! Plus, stop talking about her and her... stupid son of a bitch fiancé! A poor law student: he doesn't even make money! Let's just get back to our business, come on! You know the drill, each one of us takes a bunch of paper and works on his own it will go faster.

(They start writing. Juliannah suddenly seems lost, Best Bad Boy looks at her suspiciously)

Best Bad Boy
Hum! What in heaven are you jotting down?

Juliannah
Um, I don't get this.

Best Bad Boy
Get what? Let me hear what you've written so far.

Juliannah
Obama...blood type O *(Best Bad Boy approves: good!)*
Axelrod... blood type A *(D'Moorown says: very good!)*
Goldsbury...that's what I have trouble with: what type can I put him in?

(They all look worried, then)

D'Moorown
Look at his hometown... Where's he from?

Juliannah
He's from New York...

105

Best Bad Boy
Huh! Tough guy! How does he look?

Juliannah
Long hair, very attractive eyes, a beard...

Best Bad Boy and D'Moorown *(like it's obvious)*
Beard! Type B!

Juliannah
I also have issues with Kincaid... what blood type could he be in?

D'Moorown
Give us some personal details on him

Juliannah
He's a priest, had a hip replacement lately...

D'Moorown
He's a priest, then blood type AB...

Best Bad Boy
How did you come to that?

D'Moorown
Priests live in abbeys...so blood type AB

Best Bad Boy
But then he had a hip replacement, meaning he might

suffer from O-steoporosis...so blood type O

(They start arguing)

Juliannah *(very seriously)*
Guys, guys, listen: the best way to settle your dispute...is to do eenie meenie miney moe...or flip a coin

(They flip a coin to decide whether to flip a coin or to do the eenie meenie miney moe, that they do eventually;

Meanwhile Juliannah *(to the audience with a commercial voice – faster and faster)*

Results will vary: customers will experience changes in blood type from one performance to the other; when they do, come back and we will flip another coin for them. Check in your local theater if our schedule is right for you; if not, join our facebook page to petition for extra performances in your town; our twitter page is coming soon...

(There's a knock on the door, and a pretty young girl comes in, with a blue bird on her hat. The two men tweet admiringly. Best Bad Boy rushes towards her, discreetly telling D'Moorown and Juliannah to clear the place)

Best Bad Boy *(alone with the girl)*
What can I do for you? I'll follow you anywhere...

The pretty girl
Thanks, doctor: I would like to know my blood type.

Best Bad Boy

Not a problem, I'm first gonna take you...I mean a sample of blood of course. Just fill this out for me.

(He gives her a sheet of paper; she fills it out under the man's perverted look. He grabs the paper, feels her arms and declares that there's no way he can find a place to sting her. He slides his hand slowly, touches her hair, her face and reproduces the same routine on the girl's leg, looking more and more confused.)

Best Bad Boy

You can call me triple B *(To the audience)* That's my name, right?

The pretty girl
O...kay...?

Best Bad Boy

Yes. You know, these clothes prevent me from stinging you. Just get rid of them.

The pretty girl
What!

Best Bad Boy

Yes, we'll look for a much more beefy spot, where the veins show better...

(He touches her breasts and unbuttons her shirt)

The pretty girl

What are you doing? Back off, you moron!

Best Bad Boy *(still holding her)*

No, this is triple B. Honey you know, if you're nice, you'll have a test for free and then I'll be even MORE generous...

(The girl looks for an escape but Best Bad Boy slams her to the ground with a cowardly tackle; he tries to kiss her by force)

The pretty girl *(fighting like a tigress)*

Leave me alone! You're crazy! I'll tell my father! He's a veteran! My uncle is a veteran! My cousin's husband is a veteran! My older brother just finished his service, so he is a veteran!

(Best Bad Boy doesn't care, but the phone rings all of a sudden and distracts him; the phone rings and distracts him; the girl seizes that opportunity to flee while still yelling that she'll complain to her grandma who is a veteran, etc).

Best Bad Boy

Just go! Stupid girl! RRRR! Usually it works! Horrible day! Started out with Tee Kissy and her bad luck! *(Catching his breath)* Hello? Huh, oh! It's you, Sippy cup? No, man, I'm not happy at all! Say what? Who? When? How? Oh, M...G! I'm calling D'Moorown... *(He hangs up)* *Moron*! D'Moorown.! !

D'Moorown *(from the bottom of the lab)*
Yah yah what, you need help to land the chick?

Best Bad Boy
Get over here, you Moorown!

D'Moorown *(comes in with a huge sandwich)*
Huh? Where's she at?

Best Bad Boy
This is serious. Sippy cup just called. "Donnut" and "Sweet potato" died this morning!

D'Moorown
Who? Are you talking about human beings or...?

Best Bad Boy *(almost hysterical)*
Don't you remember those two hot chicks that we met a while back at Mary-Jo's restaurant?

D'Moorown *(indifferent)*
I'm not sure I remember, huh?! What was special about them?

Best Bad Boy
You're doing it on purpose, right? Remember how we swallowed vodkas and didn't put our hats on when things got hot?!

D'Moorown *(translating)*
…That we slept with them without a condom? Ooooh, yeah I remember now! But chill, it's not the end of the world!

Best Bad Boy

Yes, it is the end of the world! Because, let me tell you, they died of AIDS!

D'Moorown *(after a little blank)*

So? If they died of AIDS... where is the problem?

Best Bad Boy *(amazing glare)*

What! We may have it also!!!

D'Moorown

Why? You don't catch AIDS just like that!

Best Bad Boy *(to the audience, sounding bewildered)*

THIS MORON doesn't know that one can contract AIDS by having SEX!!!

D'Moorown

You never told me that! Plus remember when we met at the Gumbo Lab? You said that if you had AIDS it'd be because of a jealous coworker, huh?

Best Bad Boy *(hitting him!)*

Imbecile! I was playing stupid just to fool the others, and I thought it was the same for you! *(Brutally grabs the other man; his eyes look crazy)* AIDS is transmitted through BLOOD and SEX, only through blood and sex, contaminated blood and unprotected sex— that's for real!!

(He throws him to the ground. The stage darkens, and a circle of light slowly lights up D'Moorown, in complete dismay)

111

D'Moorown

Wooooye! Mommy! I didn't know that by having sex one can catch AIDS! Why wouldn't I wear a condom? I thought they were only to protect me from STDs...

(Lights come back on; Best Bad Boy is frozen, barely controlling himself)

Best Bad Boy

Stop crying, you girlie! Maybe all hope is not lost! We have to go get tested!

D'Moorown

Héééé! And to think that we have our own lab!

Best Bad Boy

Don't upset me, huh! And stop complaining! We'll go to a real one, period!

(They head towards the exit; D'Moorown suddenly stops and turns toward the audience)

D'Moorown

But... where are going... how we can be sure we won't meet other... "ourselves"?

Best Bad Boy (sighing)
Oh, you Moron!

D'Moorown
Oh, you...triple B!

Music. Blackout.

THE END

Printed in the United States
By Bookmasters